quand de l'amour surgit la vie

Une équipe de
Petites Sœurs des Maternités Catholiques,
médecins et sages-femmes,
en dialogue avec des foyers,
isolés ou associés,
livre son expérience.

docteur Juliette Pascal

quand de l'amour surgit la vie

le Centurion

aux foyers
en quête de lumière,
de paix, de joie,
ce petit livre.

Il a été pensé au contact de leur amour
vécu dans ses joies comme dans ses peines,
dans ses émerveillements
comme dans ses angoisses,
dans ses certitudes comme dans ses doutes,
dans ses espoirs comme dans ses peurs.

Il tente de répondre à leurs questions,
à leurs soucis, à leurs appels.
Témoin amical de leur vie,
écho de leurs confidences,
il n'a qu'un désir :

aider ces foyers à s'aimer plus et mieux,
dans la paix, la joie, la lumière.
à tous merci !

sommaire

préface
du cardinal Renard

On me demande délicatement une préface. J'avoue que je me suis interrogé : étais-je bien compétent pour introduire une étude biologique et psychologique, destinée aux foyers ?

Mais la lecture du travail du Docteur J. Pascal m'a fait découvrir que l'observation médicale et le mariage vécu d'une certaine façon conduisent les époux à reconnaître les exigences essentielles de l'amour humain et du bonheur des foyers. Ceci intéresse l'Eglise au plus haut point.

Aussi je suis heureux de dire combien cette étude objective, compréhensive, délicate, présente d'intérêt pour le pasteur et le théologien : l'approche concrète des réalités de l'amour rejoint l'enseignement de l'Eglise sur l'éthique conjugale et la régulation des naissances. L'obligation morale, en matière de contraception par exemple, ne vient pas arbitrairement, comme si elle était plaquée de l'extérieur : elle exprime le sens le plus intime de l'amour, dans le respect que les époux se portent l'un à l'autre et à la loyauté de leur union. Certains témoignages de foyers, en conclusion, le disent aussi assez clairement.

Toute vraie liberté des cœurs et des corps suppose une discipline de vie : c'est alors qu'on assure à la paternité et à la maternité responsabilité et joie ; la joie conquise dans la générosité est d'un autre ordre que le plaisir facile !

Cardinal A. Renard

Archevêque de Lyon

Président de la Commission
Episcopale de la Famille

préface

du professeur Jérôme Lejeune

Quand de l'amour surgit la vie... l'étonnement des hommes est à chaque fois renouvelé. De la mère de famille au spécialiste de la reproduction, chacun se pose la même question naïve : Se peut-il que ce pouvoir d'appeler un nouvel homme à la vie soit conféré à des gestes si simples ?

Et ce sentiment se double d'une appréhension bien légitime devant la responsabilité que comporte la procréation.

Tant qu'il nous est impossible de mesurer clairement la portée de nos actes, toute règle de conduite risque de se heurter à d'imprévisibles obstacles.

La seule issue n'est point alors de défigurer la morale pour l'accommoder à notre ignorance, mais bien d'accroître notre connaissance, toujours susceptible de perfectionnement.

Et c'est exactement ce qu'ont réalisé les Petites Sœurs des Maternités Catholiques.

Confrontant pas à pas l'observation clinique à l'analyse biologique, ce petite livre, d'une solidité remarquable, est un véritable résumé de la physiologie féminine.

Son seul défaut peut-être, mais c'est aussi sa qualité essentielle, est que le tour de force qu'il représente restera peut-être inaperçu de la lectrice — (ou des lecteurs, car ils seront nombreux).

L'originalité de cet ouvrage est en effet d'exposer les mécanismes de la reproduction en termes si clairs, si familiers, si précis, avec une volonté si constante d'éclairer et non pas d'éblouir, que la ponte ovulaire, la fécondation, la migration tubaire et la nidation, ainsi que tous les changements hormonaux qui les suivent ou les contrôlent, deviennent une merveilleuse histoire, enfin racontée comme il faut, c'est-à-dire par un cœur qui sent juste.

Tout le livre est d'ailleurs une confidence, une véritable visitation. C'est une amie attentive et prévenante qui transmet à la jeune épouse ou à la future mère ces secrets biologiques que seule une âme de femme peut pleinement ressentir et exprimer.

Pour ne prendre qu'un exemple, la démonstration de l'infécondité de la période post-ovulatoire par l'analyse de la courbe thermique et des signes qui l'accompagnent est un modèle de rigueur. Et pourtant la lectrice ne trouvera dans ce chapitre (et c'est là toute la réussite) qu'une conversation animée, un mélange de conseils et d'encouragements qui sont l'image même de la réalité de tous les jours.

Et cette connaissance du cycle ovarien est d'une extrême importance puisqu'elle donne à ceux qui savent le déchiffrer une vraie liberté, celle de discerner quelle union conjugale pourrait être féconde et quelle autre ne le peut pas. Certes la continence périodique qu'impose ainsi la nature au couple désirant limiter le nombre de ses enfants n'est pas toujours aisée. Mais une immense expérience permet d'affirmer que cette maîtrise de soi peut être atteinte par tous et qu'elle donne aux couples qui l'acquièrent, leur plein épanouissement.

Il ne s'agit pas ici de faire l'apologie d'une méthode et de préconiser un moyen plutôt qu'un autre, de se déclarer du clan de la pilule ou du parti du thermomètre. Il s'agit bien plutôt de voir exactement ce que la Nature nous propose et comment peuvent être utilisées les diverses possibilités qu'elle nous offre.

Sans trancher du moraliste, le biologiste est alors forcé de reconnaître que c'est la seule solution respectueuse à la fois des hommes et des femmes d'aujourd'hui et de ceux à venir.

Ce petit livre rendra d'immenses services.

Il aidera de nombreux couples à mener une vie plus heureuse, plus cohérente, plus conforme à leur dignité. Il rendra grand service à tous ceux qui, médecins, infirmières et sages-femmes ont à traiter journellement ces problèmes, et il instruira certainement un très grand nombre d'étudiants.

Mais au-delà de cette tâche d'éducateur qu'il remplit si heureusement, cet ouvrage apportera à chacun la preuve que le respect et l'amour sont les conditions indispensables pour parler scientifiquement de la vie des hommes.

Jérôme Lejeune

Professeur de Génétique Fondamentale
à la Faculté de Médecine de Paris.

Introduction

« Quoi de plus fragile... que la possibilité... pour l'homme d'exister, puisqu'elle relève tout entière, pour qui n'est pas encore, de ceux qui sont déjà et qui disposent seuls, en leur amour, du pouvoir de transmettre une vie qui deviendra, à cause d'eux, la sienne ? »

G. MARTELET

« Inimaginable pouvoir conféré par Dieu à deux créatures contingentes : faire surgir du néant, et pour une existence désormais éternelle, des libertés humaines. »

S. de LESTAPIS

Un foyer médite sur sa fécondité.

Parce que nous nous aimons, parce que nous nous sommes aimés et que nous nous le sommes dit,

parce que nous nous sommes tant aimés que nous avons voulu ne faire qu'un,

un jour, et pour toujours,

un petit enfant nous est né, tout neuf.

Hier, il n'existait pas, aujourd'hui, il est là !

Sans nous, sans notre amour, il n'aurait jamais existé.

A cause de notre amour, il a surgi et pour toujours.

Il est apparu, homme parmi les hommes, dont il va — un peu ? beaucoup ? nul ne le sait — modifier l'histoire.

A cause de lui, à cause de nous, quelque chose a changé sur terre :

avant, il n'était pas là ;

maintenant, il est là, unique, irremplaçable.

Il a sa place à notre foyer, sa place à lui.

Il a sa place dans la grande famille des hommes ; il a une mission à y remplir — modeste ? cachée ? peut-être, peut-être qui sait ? décisive pour beaucoup de ses frères.

Il a sa place parmi les enfants de Dieu, dans le cœur du Père qui s'est servi de nous pour lui donner la vie, le Père qui a sur lui tout un beau plan d'amour.

A cause de lui et de tout cela qui est en lui, en germe, en puissance, la joie ruisselle de nos cœurs, une joie immense, inconnue jusqu'ici, la joie de voir notre amour devenu fécond,

la joie de voir notre amour devenu personne vivante,

la joie d'être, nous deux, dans notre amour, la source d'où a jailli cet enfant dans sa nouveauté, sa fraîcheur, sa beauté.

Fécondité, richesse et joie de notre amour !

***

Les années ont passé ; la source n'est pas tarie : deux, puis trois, quatre... enfants peuplent maintenant notre foyer.

Chaque fois la même joie, le même émerveillement devant cette puissance prodigieuse de notre amour créateur, devant la vie, nouvelle, qui surgit.

Mais cette joie devient, chaque fois, plus grave :

— le logement trop étroit,

— la fatigue de la maman, débordée par ses tout-petits sollicitant ses soins jours et nuits,

— le papa, si peu à la maison : la route est longue jusqu'au lieu de travail, pas question de rentrer à midi, et le soir il est tard...

— et puis, il faut voir plus loin : on ne veut pas que les enfants connaissent la même insécurité que nous ; la vie est si dure ! Mais les études, ça coûte cher.

— il y a aussi nos engagements, à l'un et à l'autre, sociaux, politiques, syndicaux... on n'a pas le droit de tout abandonner.

Comment faire face à tout ?

— on ne peut non plus couper avec les amis, les relations sociales sont nécessaires ;

— et puis, ça coûte à nourrir, une famille. On ne cherche pas le luxe, mais enfin, il faut ce qu'il faut. C'est beau d'avoir des enfants, mais il ne s'agit pas d'en faire des petits malheureux. On veut leur donner plus qu'on a eu soi-même.

Alors ?

Alors, ce qui faisait notre joie, notre fierté, devient peu à peu notre angoisse.

Nous sommes jeunes encore, si ça continue au même rythme ?

Que faire ? Que faire ?

⁂

Car vraiment, ce dernier, on ne sait pas comment il est venu.

On nous a dit : « Huit jours avant, huit jours après les règles, ça ne craint rien. » N'empêche que nous en avons quatre.

Nos parents ne nous ont jamais rien dit là-dessus.

Bien sûr à la radio, à la télé, dans les journaux on en parle beaucoup. Mais ils ne sont pas tous d'accord. Il y en a qui sont pour la pilule, d'autres qui sont contre. Qui faut-il croire ?

Au début, nous avons été heureux de nous aimer et de voir arriver nos enfants.

Maintenant, nous en venons à avoir peur de nous aimer, à avoir peur l'un de l'autre. Nous sommes dans le noir.

Tous les mois, c'est pareil, nous attendons dans l'angoisse le retour des règles ; et c'est l'énervement, les mots aigres-doux, ou bien... nous ne nous parlons plus. Les enfants le sentent bien. Ils sont inquiets, nerveux...

Si au moins on savait un peu comment ça se passe. Mais c'est un mystère pour nous, un mystère angoissant.

⁂

Cette fécondité, notre richesse, notre joie, est devenue notre point noir. Fruit de notre amour, elle nous apparaît maintenant comme l'ennemi numéro un de cet amour.

Car nous voulons encore nous aimer, et pouvoir nous le dire ; mais il nous semble que nous ne pouvons plus, que nous ne devons plus, au moins pour l'instant, avoir d'autres enfants.

On parle de paternité et de maternité responsables : avoir les enfants que l'on veut, quand on veut.

Ce doit être plus humain, plus équilibrant pour les parents comme pour les enfants.

Ne serait-ce pas à notre portée ?

Il doit y avoir quelque chose à comprendre.

Chapitre I

Pour une fécondité humaine, heureuse, équilibrée, essayons de comprendre ..

La fécondité du couple

« C'est Toi qui m'as formé les reins,
qui m'as tissé au ventre de ma mère ;
je Te rends grâce pour tant de mystères :
prodige que je suis, prodige que Tes œuvres.

Mon âme, Tu la connaissais bien,
mes os n'étaient point cachés de Toi,
quand je fus fait dans le secret,
brodé au profond de la terre. »

Psaume 139.

« La dualité des sexes a été voulue par Dieu pour qu'ensemble, l'homme et la femme soient image de Dieu et, comme Lui, source de vie. »

PAUL VI
(Discours aux Equipes Notre Dame, 4-5-70.)

Pour qu'un petit enfant commence, il faut que *deux semences de vie se rencontrent* et fusionnent,

celle du Père :
un spermatozoïde,

celle de la Mère :
un ovule.

D'où viennent-elles ?
Comment se rencontrent-elles ?

C'est la plus belle histoire, celle de chacun d'entre nous, car tous, qui que nous soyons, nous avons commencé de la même manière...

Et maintenant, mariés, nous avons le prodigieux pouvoir d'appeler d'autres êtres à la vie.

Mais dans quelles conditions ?

Comment sommes-nous féconds, l'un et l'autre ?

Comment, ensemble, pouvons-nous réaliser cette fécondité ou, au contraire, la retarder ?

LA FÉCONDITÉ CHEZ L'HOMME

Elle est permanente
mais, dans son exercice, soumise à sa volonté

LES ORGANES GÉNITAUX DE L'HOMME

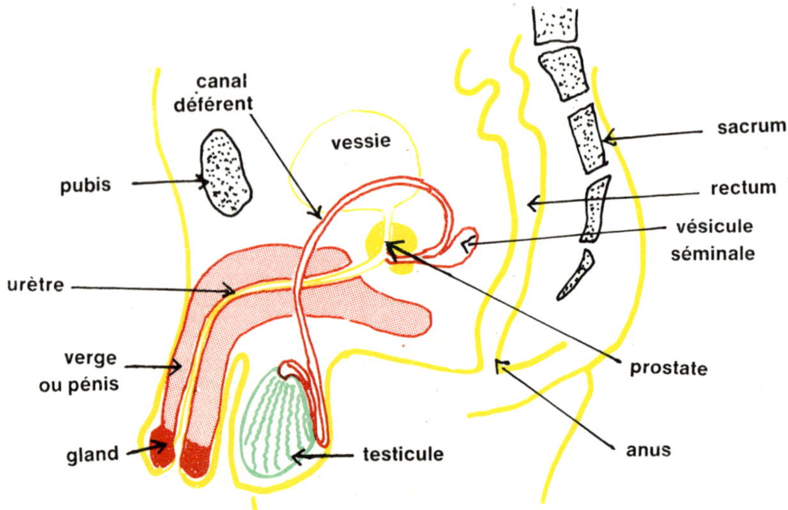

Ces organes sont, presque en totalité, situés à l'extérieur du corps.

— Les deux glandes sexuelles masculines : les **testicules,** situés dans les bourses.
— L'organe qui permet à l'homme de porter sa semence dans le corps de sa femme : la **verge** ou **pénis.**
— Entre les deux, des canaux de liaison :
les **canaux déférents** (un venant de chaque testicule),
les **vésicules séminales** (station-relais pour le sperme),
l'**urètre** (canal urinaire qui sert aussi au passage du sperme, mais alors le passage de l'urine est bloqué).
— Au carrefour des canaux déférents et de l'urètre : la **prostate** (1) glande située sous la vessie.

(1) La prostate, qui entoure l'urètre, peut, chez les personnes âgées, augmenter de volume et se durcir en rétrécissant l'urètre, ce qui gêne l'évacuation de l'urine. Une opération est alors nécessaire pour libérer l'urètre de l'étau qui l'enserre.

ROLE ET FONCTIONNEMENT
des organes génitaux de l'homme

C'est parce qu'il a des *testicules* qu'un homme est un homme.

En effet, les *testicules ont une double fonction,* produisant :

— l'hormone de la virilité : la testostérone,

— la semence de vie paternelle : les spermatozoïdes.

□ *L'hormone de la virilité : la testostérone*

Sécrétée par les testicules, cette hormone passe dans le sang et imprègne tout le corps.

— C'est elle qui, au moment de la puberté, transforme le jeune garçon en jeune homme.

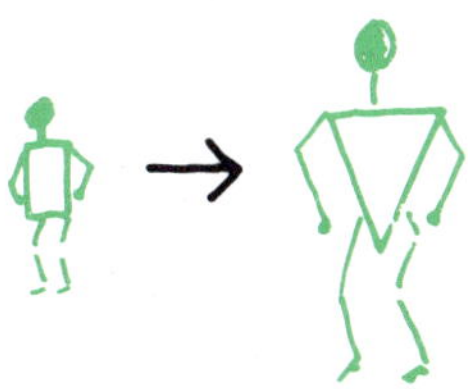

élargissement
des épaules

développement
des organes génitaux

apparition de la barbe

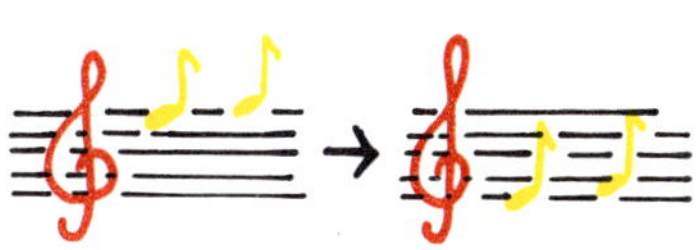

mue de la voix

— C'est elle qui, tout au long de sa vie, lui garde son type masculin, dans son corps comme dans son caractère.

La semence de vie paternelle : les spermatozoïdes

a) Leurs caractéristiques.

Les spermatozoïdes sont

- *très petits,*

Vingt en ligne feraient un millimètre.

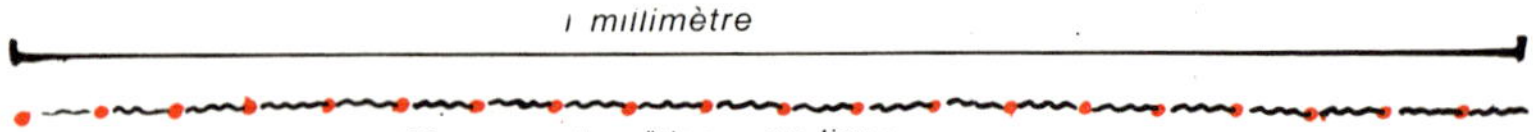

Avec

- une tête ovale,
  de 2/1000 mm de large
  et 5/1000 mm de long
  contenant un noyau.

- une queue, ou flagelle,
  de 45/1000 mm de long
  animée de battements.

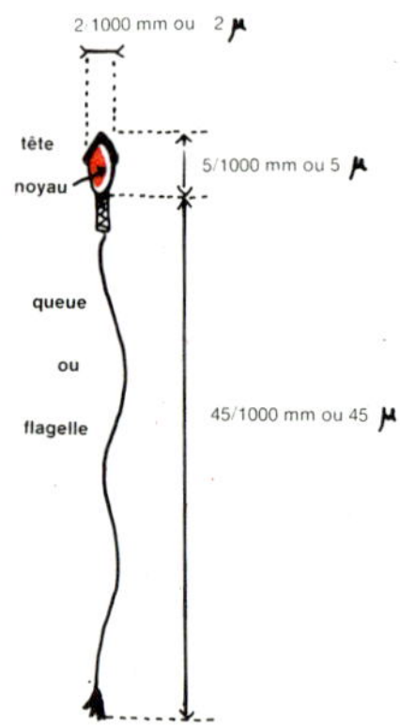

- *très mobiles,*

Grâce aux mouvements de la queue, ils peuvent avancer de deux à trois millimètres par minute.

- *de survie limitée,*

mais parfois plus longue qu'on ne le croit,
deux à trois jours en moyenne,
parfois six, sept... neuf jours (certains disent jusqu'à douze jours).

- *très nombreux, surabondants,*

à chaque union sexuelle, trois à quatre cent millions de spermatozoïdes sont déposés dans le vagin de la femme.

UN SEUL fécondera l'ovule.

b) Que contiennent-ils ?

TOUT CE QUE LE PERE TRANSMET DE LUI-MEME A SON ENFANT.

● *L'hérédité paternelle.*

Dans le *noyau* de chaque spermatozoïde se trouvent 23 petits bâtonnets appelés *chromosomes.*

Sur chacun d'eux sont comme enfilées des milliers de perles très précieuses : les **gènes.**

Chaque gène porte un *caractère héréditaire* particulier, c'est-à-dire ce qui va déterminer, pour une part, la couleur des yeux et des cheveux, la forme du visage, du nez, la taille, le caractère... de cet enfant et qui fera dire « il ressemble à son père ».

● *Ce qui va déterminer le sexe de l'enfant.*

Parmi ces 23 chromosomes, se trouve le *chromosome sexuel,* qui sert à déterminer le sexe.

Il en existe deux sortes chez l'homme :

le chromosome X qui donnera une fille,
le chromosome Y qui donnera un garçon.

Il existe donc deux sortes de spermatozoïdes.

C'EST LE PERE QUI DETERMINE LE SEXE DE SON ENFANT

Nous comprendrons mieux, plus tard, quand nous aurons étudié la semence maternelle, l'ovule.

c) Comment sont-ils émis dans la relation sexuelle ?

Les testicules entrent en activité au moment de la puberté. Dès lors, et jusqu'à la vieillesse, ils produisent testostérone et spermatozoïdes.

Les spermatozoïdes sont formés *sans cesse* dans les testicules.

Mais *au ralenti ;* et ils disparaissent sans que l'homme s'en aperçoive, éliminés au fur et à mesure ou détruits sur place.

Ce n'est qu'*au moment d'une relation sexuelle* qu'ils sont libérés en surabondance dans *le sperme.*

A ce moment, le désir, que l'homme éprouve de s'unir à sa femme, provoque un afflux de sang dans les organes génitaux, entraînant :

— l'augmentation de volume de la verge et son **érection,**

— la sécrétion très abondante de toutes les glandes génitales (testicules, vésicules séminales, prostate...) pour constituer le **sperme.**

Le sperme peut alors s'accumuler dans les vésicules séminales parce que, *à ce moment,* une sorte de vanne, un « sphincter », se ferme pour l'empêcher de sortir.

Dans la seconde partie de la relation sexuelle, après la pénétration de l'organe de l'homme dans le corps de sa femme, le sphincter s'ouvre et les vésicules séminales, en se contractant, projettent le sperme au fond du vagin : c'est l'**éjaculation.**

Mais, *en dehors de la relation sexuelle,* les vésicules séminales ne jouent pas, comme on le croit souvent, le rôle de réservoirs qui se rempliraient peu à peu et continuellement de sperme et devraient se vider de temps en temps, plus ou moins souvent selon la puissance de l'homme, sous peine de nuire à sa santé...

L'ensemble de ces mécanismes n'est pas absolument automatique, « instinctif » chez l'homme.

C'est parce qu'il veut s'unir à sa femme (parce qu'il l'aime ou parce qu'il cherche une satisfaction) que se déclenchent les différentes étapes de la relation sexuelle.

Mais il peut toujours, par choix et par tout un effort d'éducation, contrôler ses impulsions et maîtriser volontairement l'exercice de sa sexualité.

Si, pour une raison ou pour une autre, l'union désirée ne peut être réalisée, l'homme peut très bien la différer.

LA FECONDITE, CHEZ L'HOMME, EST PERMANENTE MAIS, PAR SA VOLONTE, L'HOMME PEUT RESTER LE MAITRE DE SA SEXUALITE.

LA FÉCONDITÉ CHEZ LA FEMME

Elle est cyclique

Qu'est-ce que cela veut dire ?

Toute femme sait bien qu'il se produit en elle, à intervalles plus ou moins réguliers, des phénomènes particuliers, propres à la femme, dont le plus évident est le phénomène des *règles*.

Mais à quoi cela sert-il ? A quoi cela correspond-il exactement ? On l'ignore souvent, plus ou moins. Qu'elles aient un lien avec la grossesse, on le pense, c'est certain. Mais comment ?

Essayons de comprendre.

LES ORGANES GÉNITAUX DE LA FEMME

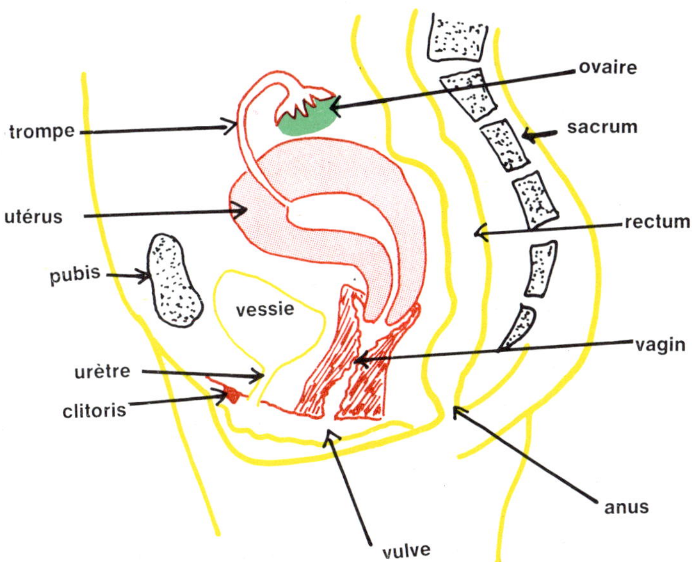

Ces organes sont cachés, en profondeur, dans son ventre, à l'abri des os du bassin, parce que la femme est le terrain unique où les deux semences (paternelle et maternelle) vont se rencontrer et fusionner et où l'enfant qui en résultera pourra se développer.

Ce sont :

— Les deux glandes sexuelles féminines : les **ovaires.**

— Les deux canaux très fins reliant les ovaires à l'utérus : les **trompes.**

— L'organe maternel par excellence : l'**utérus.**

— L'organe féminin qui permet la rencontre sexuelle : le **vagin.**

— L'ouverture extérieure des organes féminins : la **vulve.**

ROLE
des organes génitaux de la femme

1. Les glandes sexuelles de la femme : les OVAIRES

De même que l'homme possède deux testicules, la femme possède deux ovaires, l'un à droite, l'autre à gauche.

Mais, alors que les testicules **fabriquent** des spermatozoïdes sans interruption de la puberté à la vieillesse, et en quelque sorte « à la demande », au fur et à mesure des besoins, les ovaires **renferment** à la naissance tout le STOCK D'OVULES dont la petite fille, devenue femme, pourra se servir pour appeler des enfants à la vie. Bien sûr, ils ne sont pas mûrs alors, mais ils sont tous présents, plusieurs centaines de mille. Chacun est protégé par une enveloppe qui lui est propre, son FOLLICULE, et tous ces follicules sont dans l'ovaire comme des cerises dans un sac. A partir de la puberté (1) et jusqu'à la ménopause, *chaque mois* environ, un de ces follicules se développera, faisant mûrir l'ovule qu'il contient.

1. Notons que, durant l'enfance, le stock d'ovules diminue et qu'à la puberté il n'en reste que le dixième environ de ce qu'il y avait à la naissance. Leur nombre est cependant important : 40 à 50 000 au moins. Au cours de la vie génitale, 400 à peine se développeront jusqu'à maturité et s'échapperont de l'ovaire. Après la ménopause, le reste s'atrophiera.

L'ovaire qui ressemble à une grosse amande, est de couleur rosée. Chez la petite fille, il est lisse en surface ; chez la femme il est bosselé par les follicules qui se développent à l'intérieur et parsemé de cicatrices à la place des follicules qui ont déjà laissé échapper leur ovule.

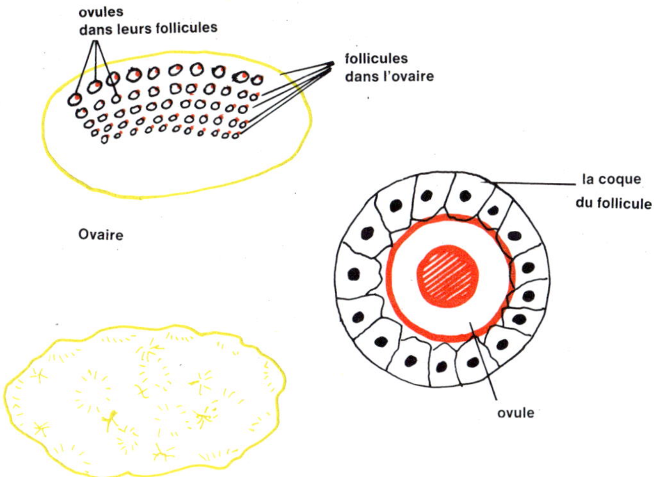

Le follicule est une sorte de coque qui renferme un ovule comme une cerise son noyau.

La coque elle-même fabrique, au cours de l'évolution du follicule, LES HORMONES SEXUELLES FEMININES, la folliculine et la progestérone.

☐ *L'hormone de la féminité : La folliculine*

— C'est elle qui transforme, au moment de la puberté, la petite fille en jeune fille.

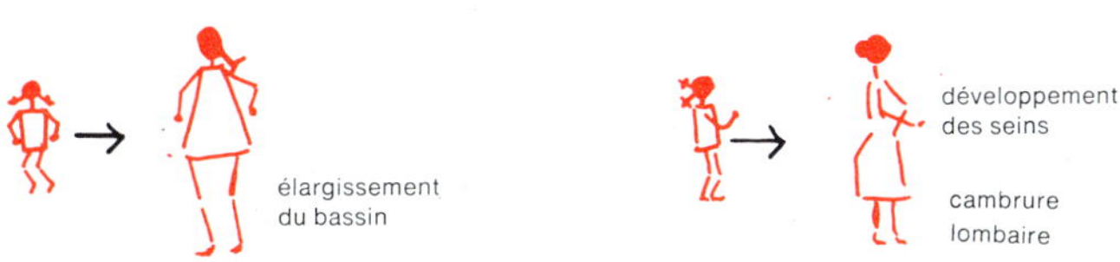

— C'est elle qui, tout au long de sa vie (2), lui garde son type féminin, dans son corps comme dans son caractère.

L'hormone de la maternité : La progestérone

— C'est elle qui transforme le corps féminin en corps maternel, lorsque la conception d'un enfant devient possible.

La semence de la vie maternelle : L'ovule

a) Ses caractéristiques.

- *L'ovule est petit,*

plus petit qu'un grain de sable, mais bien plus gros que le spermatozoïde, il suffit d'en mettre cinq côte à côte pour faire un millimètre ;

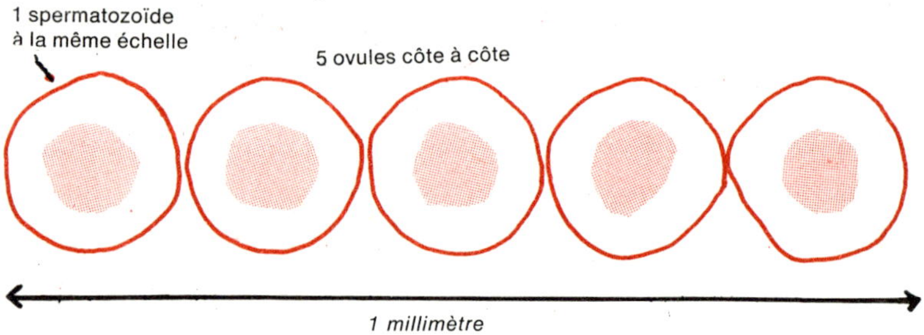

il est rond et contient un *noyau.*

- *Il n'est pas mobile par lui-même,*

c'est le spermatozoïde qui viendra à sa rencontre.

- *Il a une durée de vie très courte,* de quelques heures : 12 à 18 heures en moyenne, en tous cas moins de 24 heures ; c'est pourtant, par rapport au spermatozoïde, une grosse cellule chargée de réserves nutritives, mais qu'elle est incapable d'utiliser si elle n'est pas fécondée.

- En principe, *il n'en mûrit qu'UN SEUL par cycle.*

2. Après la ménopause, l'ovaire ne sécrète plus de folliculine ; la femme cependant reste femme : d'une part, en effet, nous le verrons à la page suivante, chacune de ses cellules conserve ses chromosomes sexuels XX, d'autre part, elle n'a pas vécu 30 ou 40 ans sous l'influence de la folliculine sans être profondément orientée dans tout son comportement : il y a un acquis qui lui garde le bonheur d'être femme.

b) **Que contient-il ?**

TOUT CE QUE LA MERE TRANSMET D'ELLE-MEME A SON ENFANT

● *L'hérédité maternelle.*

Dans le *noyau* de l'ovule, comme dans celui du spermatozoïde se trouvent 23 petits bâtonnets appelés *chromosomes,* avec leurs milliers de *gènes ;* chaque gène portant un caractère héréditaire particulier c'est-à-dire ce qui va déterminer, pour une part, la couleur des yeux, des cheveux, la forme du visage, du nez, la taille, le caractère de cet enfant et qui fera dire : « il ressemble à sa mère. »

Parmi ces 23 chromosomes, se trouve le *chromosome sexuel.* Dans l'ovule, ce chromosome est toujours le même, X.

Alors qu'il y a des spermatozoïdes X *et* des spermatozoïdes Y, il ne peut y avoir que des ovules X.

Au moment où ovule et spermatozoïde fusionnent pour former la première cellule de l'enfant, les 23 chromosomes de l'ovule s'assemblent, par paires, avec les 23 chromosomes du spermatozoïde. Si la paire de chromosomes sexuels reçue est XX, (un ovule X et un spermatozoïde X) l'enfant sera *une fille.* Si cette paire est XY (un ovule X et un spermatozoïde Y) l'enfant sera *un garçon.*

Toutes les cellules qui forment le corps d'une fille renferment dans leur noyau 23 paires de chromosomes, dont la paire caractéristique du sexe féminin XX.

Toutes les cellules qui forment le corps d'un garçon renferment dans leur noyau 23 paires de chromosomes, dont la paire caractéristique du sexe masculin XY.

→ On n'est pas fille ou garçon seulement parce qu'on a des ovaires ou des testicules, on est fille dans tout son corps, dans chaque cellule, de la racine des cheveux au bout des orteils. De même on est garçon dans tout son corps et l'on ne peut rien y changer : il faudrait *TOUT REFAIRE,* et c'est fait depuis la première seconde de vie, dès qu'un spermatozoïde a pénétré un ovule.

C'est le père qui fournit le chromosome qui fixera le sexe de l'enfant. Mais peut-être est-ce l'ovule qui choisit, parmi les milliers de spermatozoïdes qui l'entourent, celui qui le fécondera ? Il est impossible de dire où se trouve l'élément déterminant de ce choix, tant sont nombreux les facteurs susceptibles de l'influencer :

— vitalité différente des spermatozoïdes X et Y,

— milieu vaginal plus ou moins acide,

— date du rapport fécondant par rapport à l'ovulation...

Devant ce mystère de l'être humain en son commencement, le croyant ne peut oublier Dieu, Créateur de toute vie. S'Il respecte les causes secondes qu'Il a établies, Il reste souverainement libre à l'égard de l'être nouveau que son Amour appelle à l'existence par l'intermédiaire de l'amour de ses parents. Cet être-là, connu d'avance, a sa place à lui dans l'histoire du Salut. Il est, depuis toujours, « lui » ou « elle » pour son Dieu.

2. Les TROMPES

Ce sont deux petits conduits musculaires, très souples, animés de mouvements.

Elles ont la forme de trompettes, d'où leur nom, dont le pavillon se trouve contre l'ovaire.

Elles mesurent 10 à 14 cm de long.

Leur diamètre, dans la partie la plus étroite, ne dépasse pas quelques dixièmes de millimètre.

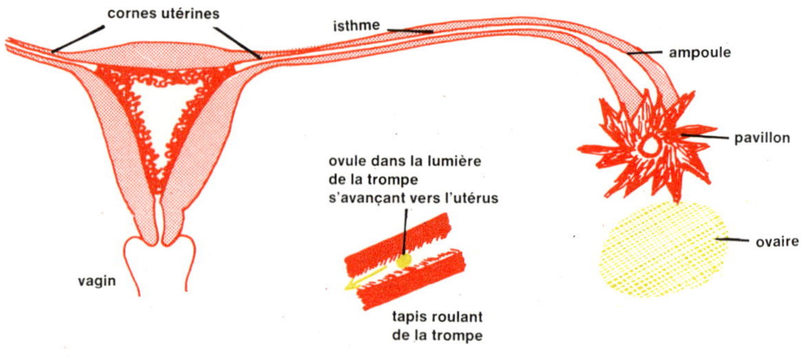

Elles sont tapissées intérieurement par une membrane vivante (une muqueuse) particulière dont le rôle est de permettre à l'ovule ou à l'œuf fécondé de progresser de l'ovaire à l'utérus comme sur un « *tapis roulant* ».

Elles sont aussi la voie qu'empruntent, en sens inverse et à contre-courant, les spermatozoïdes pour remonter à la rencontre de l'ovule.

3. L'UTÉRUS ou MATRICE

Premier berceau de l'enfant.

C'est un muscle creux,

- ouvert à la partie inférieure, **le col de l'utérus,** qui plonge dans le vagin (alors que le corps même de l'organe est dans l'abdomen) ; ce col contient, dans son épaisseur, des glandes qui, à certains moments, sécrètent une glaire spéciale, « la glaire cervicale » (ou glaire du col).

- **sa paroi,** très épaisse, est formée de fibres musculaires entrecroisées dans tous les sens, extensibles, très solides. Cela fait penser à l'entrecroisement des brins d'osier dont sont faits certains berceaux.

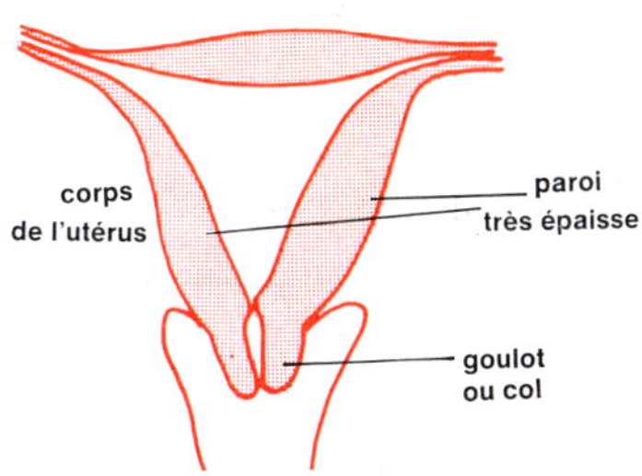

Mais le berceau, ici, est vivant. Il grandit avec l'enfant et se consolide au fur et à mesure afin de pouvoir le porter de plus en plus lourd et résister à ses coups de poings et de pieds de plus en plus vigoureux !

Il est *tapissé,* à l'intérieur, par une *garniture* vivante (une muqueuse) : celle-ci change d'aspect au cours du cycle, car elle s'apprête à pouvoir nourrir le bébé, s'il est conçu.

4. Le VAGIN

Sorte de fourreau musculaire très souple, il est capable de s'ouvrir pour accueillir l'organe de l'homme autour duquel il se contracte rythmiquement au cours de la conjonction sexuelle.

Il se distendra bien davantage pour laisser passer le petit enfant au moment de sa naissance.

5. La VULVE

Elle est généralement fermée en partie, chez la jeune fille, par une fine membrane, **l'hymen.** Celle-ci se déchire souvent lors de la première relation sexuelle. Parfois cependant sa souplesse lui permet de se distendre sans blessure.

COMMENT FONCTIONNENT LES ORGANES FEMININS ?

Ce fonctionnement est **cyclique,** c'est-à-dire qu'il se compose d'une suite de phénomènes qui se répètent dans le même ordre régulièrement (3) une fois par mois et qui ont pour but de rendre la femme capable de devenir mère si la semence paternelle lui est donnée au moment favorable.

Le cycle **commence** le premier jour des règles.

Il se **termine** au moment où apparaissent les règles suivantes.

3. D'une régularité relative, propre à chaque femme, et plus ou moins fortement conditionnée par le « climat » de son existence.

AU COURS DE CHAQUE CYCLE,

la femme prépare **un ovule** (une semence de vie) dans un de ses ovaires ;

elle prépare en même temps, dans son utérus, **le terrain** favorable à l'éclosion et au développement éventuels de LA VIE.

L'ensemble de ces phénomènes se déroule en trois phases.

PREMIERE PHASE DU CYCLE : *AVANT L'OVULATION*

Phase de MATURATION, *de durée variable* (comme un fruit mûrit plus ou moins vite selon le temps qu'il fait).

Dans un des ovaires.

- *Un follicule* se met à se développer. Il grossit peu à peu et se rapproche de la surface de l'ovaire où il finit par bomber très fort. Il est alors de la taille d'un petit grain de raisin.

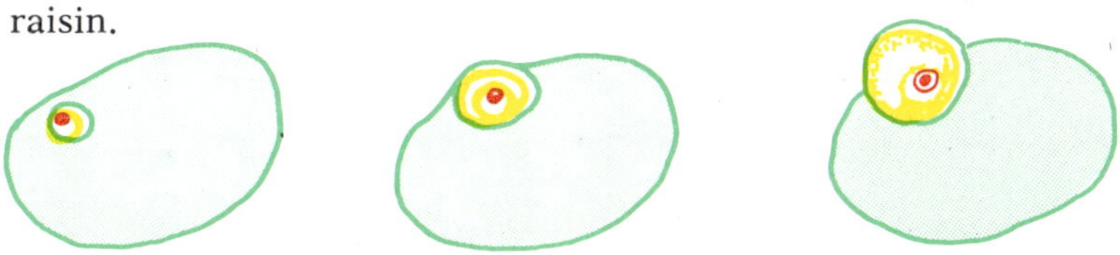

un follicule commence à se développer — il se rapproche de la surface de l'ovaire — il finit par bomber très fort

- Au centre de ce follicule, *un ovule* mûrit, bien à l'abri dans sa coque protectrice.

- Cette coque (paroi du follicule) fabrique pendant ce temps la première hormone sexuelle de la femme, **la folliculine,** qui **prépare les conditions favorables à la fécondation de l'ovule qui murit :**

- C'est elle, la *folliculine,* qui *fait mûrir peu à peu l'ovule* dans son follicule.

Dans l'utérus.

● *La muqueuse* (garniture intérieure du petit berceau), qui a été éliminée en partie avec le sang des règles, *se reconstitue sous* l'influence de la folliculine.

Elle se remet à neuf (comme une maman garnit de neuf pour le bébé attendu le berceau qui a servi pour les aînés).

D'abord fine et lisse, la muqueuse s'épaissit régulièrement. Une circulation sanguine de plus en plus importante se développe.

Au niveau du col de l'utérus.

● Sous l'influence de la folliculine, *le col s'entr'ouvre* progressivement et commence à sécréter **une glaire** semblable à du blanc d'œuf cru (translucide, brillante, élastique) dont l'abondance augmente à mesure que l'ovule mûrit.

Si une union est réalisée par les époux, cette glaire jouera le rôle d'un véritable ascenseur, ou même d'un aspirateur, pour les spermatozoïdes. Ceux-ci ont besoin de sa présence pour pénétrer dans l'utérus et, de là, se diriger vers les trompes à la rencontre de l'ovule :

LA GLAIRE EST NECESSAIRE A LA FECONDATION

Pendant toute cette période, qui commence au premier jour des règles, la femme prépare tout ce qui est nécessaire à la réussite d'une fécondation. A mesure que l'on s'approche de l'ovulation, LA FEMME EST CHAQUE JOUR UN PEU PLUS FECONDE.

DEUXIEME PHASE DU CYCLE :

LE JOUR DE L'OVULATION

JOUR CENTRAL DU CYCLE *durée maxima : 24 heures.*

L'ovaire

laisse échapper l'ovule mûr, par rupture du follicule (la femme peut alors ressentir une douleur à droite ou à gauche).

La trompe

le recueille et l'achemine, grâce à son tapis roulant, en direction de l'utérus.

Le col de l'utérus

continue à sécréter la glaire. Parfois s'y mêle un filet de sang (rarement plus).

Le jour de l'ovulation est
LE JOUR DE FECONDITE MAXIMA
de la femme.

LE SORT DE L'OVULE EST FIXE DANS LES HEURES QUI SUIVENT...

- *Ou bien il rencontre des spermatozoïdes vivants,*

— présents peut-être depuis plusieurs jours,
— ou qui arrivent dans les heures qui suivent l'ovulation ;

et alors peut se produire la FECONDATION

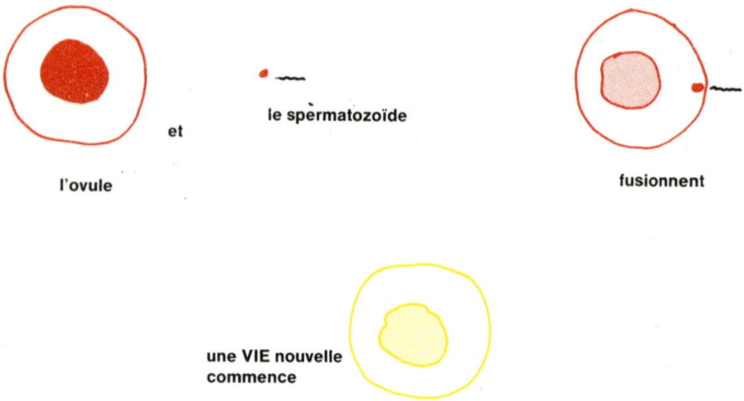

il y a, à partir de ce moment, un ŒUF (4) fécondé qui est la première cellule de l'enfant.

UNE VIE NOUVELLE COMMENCE A CET INSTANT PRECIS.

En effet, **avant** la fécondation, il n'y avait que des cellules incomplètes, à 23 chromosomes, incapables de subsister plus de quelques heures (l'ovule) ou de quelques jours (le spermatozoïde) ;

après la fécondation, il y a la première cellule, à 23 paires de chromosomes, d'un être vivant qui va immédiatement se développer avec une exubérance extraordinaire suivant le potentiel inscrit dans ses chromosomes, et s'acheminer dans la trompe vers l'utérus, où il arrivera cinq ou six jours plus tard.

● *Ou bien il se flétrit et disparaît.*

4. En médecine on a coutume d'appeler : OVULE la semence maternelle avant la fécondation ; ŒUF cet ovule après sa fécondation. En fait, OVULE veut dire « petit œuf » ; il vaudrait mieux préciser œuf non fécondé (ovule) ou œuf fécondé (œuf).

TROISIEME PHASE DU CYCLE :
APRES L'OVULATION

Cette phase est de durée assez fixe

Il y a d'abord un moment de « SUSPENSE » car tout dépend du sort de l'ovule... et celui-ci reste secret, ignoré de tous, parce que :

- ou bien l'ovule est mort, et il ne dit rien,
- ou bien l'œuf fécondé voyage dans la trompe où il est privé de toute liaison « radio » avec le reste de l'organisme jusqu'à ce qu'il s'implante dans l'utérus.

L'organisme féminin mise sur la solution optimiste vers laquelle il est tendu depuis le début du cycle : l'apparition d'une vie nouvelle, et met tout en œuvre pour la faire réussir :

1. Formation du corps jaune.

C'est encore *le follicule* (qui vient de laisser partir l'ovule) qui *se préoccupe de cette entreprise de protection de la vie* (susceptible de surgir de cet ovule)

. sa coque continue à sécréter de la folliculine,

. sa cavité, rendue libre par le départ de l'ovule, se transforme en **corps jaune,** nouvelle glande qui se développe là pour sécréter la deuxième hormone sexuelle de la femme : la **progestérone,** hormone de la maternité (Pro-gestérone = pour la grossesse) qui se hâte de transformer le corps féminin en **corps maternel** susceptible d'accueillir la vie.

Pour cela, la **progestérone,** appuyant son action sur celle de la folliculine,

- *achève de préparer le petit berceau,*

c'est-à-dire de transformer la muqueuse utérine qui, peu à peu, en s'épaississant, en se creusant de glandes qui secrètent un sucre (le glycogène), en se gorgeant de sang, devient capable de recevoir et de nourrir l'œuf si l'ovule a été fécondé : c'est la « muqueuse en dentelle ».

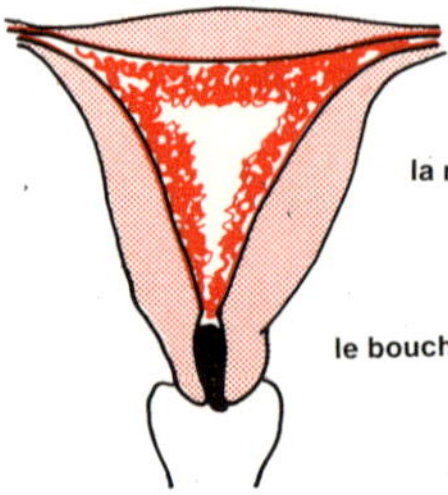

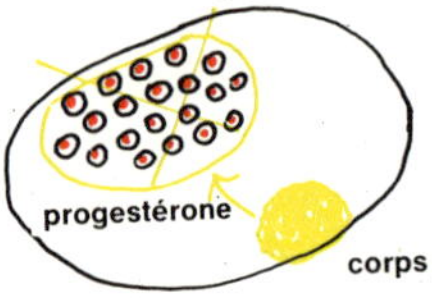

● *léclenche les protections nécessaires* (5)

pour qu'une grossesse puisse se dérouler sans incident :

— elle ferme le col utérin en épaississant et coagulant la glaire cervicale (formation d'un « bouchon muqueux ») : *aucun spermatozoïde* ne pourra plus pénétrer et l'enfant, s'il est là, sera bien à l'abri ;
— elle ferme l'ovaire à clé en empêchant toute autre ovulation de se faire : *aucun ovule* ne peut mûrir ni sortir de l'ovaire.

Durant cette période, et jusqu'aux règles suivantes, aucune fécondation n'est plus possible :

LA FEMME EST INFECONDE.

Le corps jaune est réglé, comme par une *minuterie*, pour fonctionner un temps assez fixe, peu variable pour la même femme, 12 à 16 jours en moyenne (en tous cas moins de 17 jours) c'est-à-dire largement le temps nécessaire à la préparation de la muqueuse utérine et à l'implantation de l'œuf fécondé.

Au-delà que devient-il ?

5. L'enfant est une personne humaine qui va réclamer tous les soins de sa mère pour sa construction, puis pour sa croissance et son éducation. Aussi, normalement, une femme ne met-elle au monde qu'UN enfant à la fois, tandis que les femelles animales ont souvent des portées nombreuses. C'est pour qu'il n'y ait qu'un enfant à la fois que la progestérone va déclencher toutes les fermetures dont nous parlons ici.

2. Evolution du corps jaune.

Elle est évidemment différente selon le destin de l'ovule.

a) L'OVULE A ETE FECONDE

L'œuf fécondé, c'est-à-dire l'enfant à son tout début, descend dans la trompe sur le « tapis roulant » et arrive dans l'utérus où il peut s'implanter, « **se nider** », au bout de sept à neuf jours environ.

La muqueuse, garniture vivante du petit berceau, qui a fini de se préparer pendant le voyage de l'œuf, sous l'influence de la progestérone, est juste prête pour l'accueillir lorsque lui-même est prêt pour s'y enraciner.

Pendant sa descente dans la trompe, l'**œuf** a commencé à **« se diviser » :** la première cellule, formée par la fusion du spermatozoïde et de l'ovule, se divise en deux cellules identiques qui restent étroitement unies. Puis chacune des deux se divise en deux... etc.

Ainsi, peu à peu, au lieu d'une cellule unique et minuscule, il y en a deux, puis quatre, huit, seize, trente-deux, soixante-quatre...

Il faudra encore beaucoup de divisions pour arriver à former un corps de bébé à terme avec ses milliards de cellules. Mais on peut dire que :

LE BEBE EST TOUT ENTIER
DANS LA PREMIERE CELLULE

qui a, dans ses vingt-trois paires de chomosomes, toutes les indications nécessaires pour le faire tel qu'il sera, ressemblant à son père et à sa mère, et cependant unique.

Les chromosomes sont, pour l'embryon en formation, un peu (mais en bien plus perfectionné) comme les informations ou le programme confié à un ordinateur pour lui indiquer son travail...

Les premières cellules sont toutes identiques en apparence ; cependant, au fur et à mesure qu'une nouvelle cellule apparaît, elle reçoit une destination bien précise ; elle ne peut se mettre n'importe où ni faire n'importe quoi.

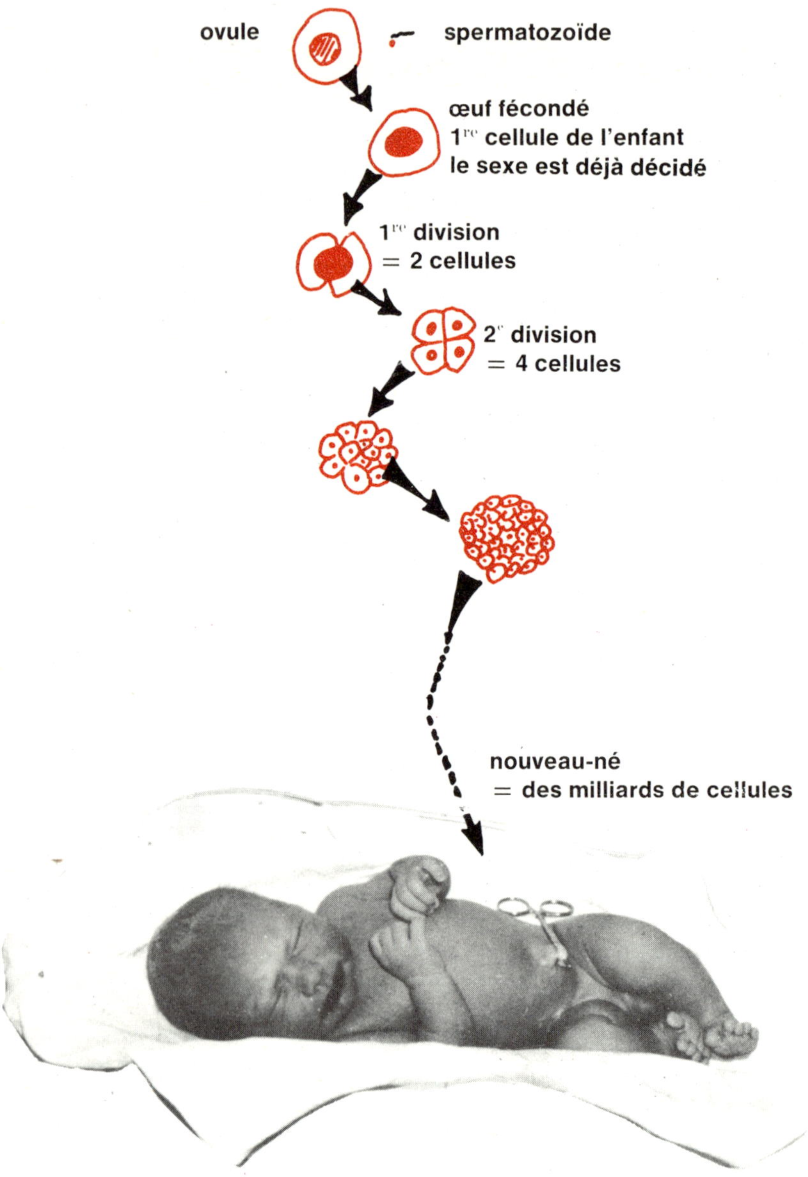
ovule
spermatozoïde
œuf fécondé
1re cellule de l'enfant
le sexe est déjà décidé
1re division
= 2 cellules
2e division
= 4 cellules
nouveau-né
= des milliards de cellules

Ainsi, dans le petit amas de cellules qui arrive dans l'utérus au bout d'une semaine de vie, celles du pourtour, plus petites, ont pour mission de former les **« enveloppes »** et les **« racines »** qui protégeront et nourriront le bébé pendant la grossesse ; celles du milieu, plus grosses, formeront le bébé lui-même : c'est le petit **« embryon ».** Et parmi elles, les unes devront former la peau et le système nerveux, d'autres les os, les muscles, les vaisseaux sanguins, tandis que d'autres se spécialiseront pour former le tube digestif... etc.

Et tout cela va se faire à une **vitesse prodigieuse** puisque, trois semaines après la fécondation, alors que la mère constate un retard de règles de huit jours seulement, ce petit enfant a déjà un cœur qui bat et que neuf semaines plus tard, à douze semaines, c'est-à-dire à trois mois, tout est fini. Il ne mesure que neuf ou dix centimètres, mais il a bras et jambes, deux yeux, un nez, une bouche et des oreilles, un cerveau, un estomac... bref, tous ses organes. Il ne lui restera plus qu'à fignoler tout cela et à mûrir et à grossir.

Pendant la première semaine de cette merveilleuse construction, alors qu'il voyage dans la trompe, **l'œuf vit sur ses réserves** (rappelons que l'ovule était une grosse cellule, chargée de réserves nutritives.)

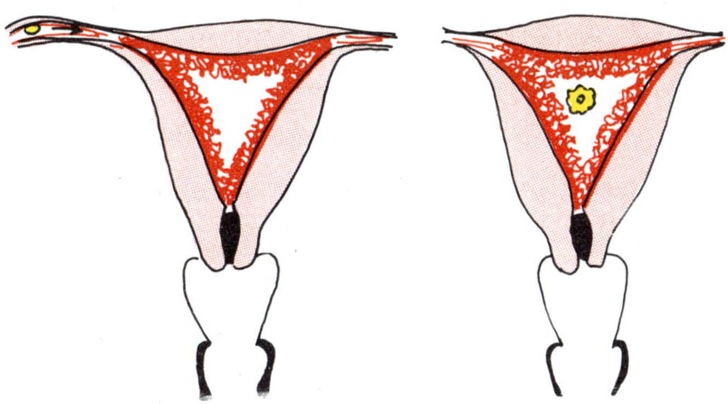

Arrivé dans l'utérus, **l'œuf est d'abord nourri par le glycogène,** le sucre produit par les glandes de la muqueuse utérine.

Puis, vers le neuvième jour, il est assez développé pour pouvoir s'enraciner dans cette muqueuse et s'y enfouir tout entier, comme une graine dans la terre. Dès lors, **l'enfant est nourri par le sang de sa mère.**

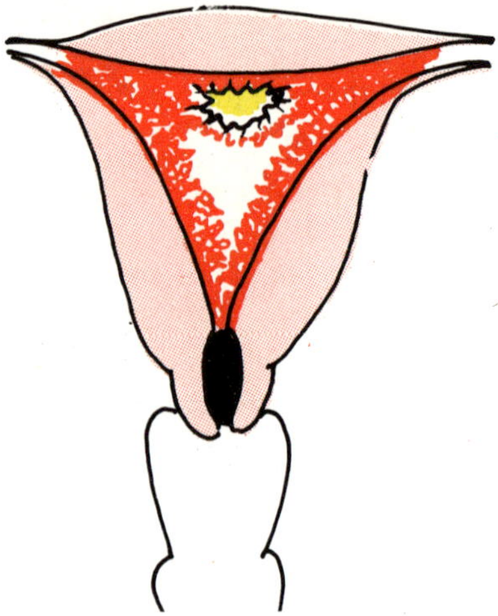

Ces changements successifs dans son mode d'alimentation ne modifient en rien sa nature. Qu'il vive sur ses réserves, ou qu'il soit nourri par le glycogène ou qu'enfin, fixé dans la muqueuse, il puise le nécessaire à sa subsistance dans le sang de sa mère, c'est bien toujours le même être humain en formation. De même qu'un peu plus tard il restera le même le jour où sa maman, après l'avoir nourri de son lait, le mettra au lait de vache et aux bouillies.

C'est à ce moment seulement que **le « suspense »**, qui dure depuis l'ovulation, **est levé.**

Jusqu'alors, personne ne pouvait savoir si la fécondation avait eu lieu ou non. **L'œuf, autonome,** privé de toute relation avec le reste du monde, **gardait son secret.**

Désormais, ayant épuisé ses réserves, **il a besoin, pour survivre, de l'organisme maternel.** Il est urgent qu'il le prévienne avant que le corps jaune ait cessé son activité. Sinon, qui le protégera ?

C'est pourquoi, en s'enracinant dans la muqueuse, l'œuf, pour assurer sa sécurité, secrète une hormone personnelle, une **stimuline ;** celle-ci, déversée dans le sang maternel qui circule autour de l'œuf pour le nourrir, est entraînée jusqu'au corps jaune et lui donne l'ordre de poursuivre sa tâche afin de prendre en charge les débuts si importants de la grossesse :

la minuterie est remontée pour trois mois environ.

Le corps jaune renforce alors sa double sécrétion de folliculine et de progestérone, tandis que tous les phénomènes qui accompagnent normalement son activité continuent à se manifester :

- fermeture du col utérin,
- blocage des ovaires,
- maintien de la muqueuse utérine,

Après trois mois de grossesse, le corps jaune cesse son activité parce qu'alors **le placenta** (racines de l'œuf) est suffisamment développé pour fabriquer lui-même les hormones nécessaires à la poursuite de la grossesse (le col reste fermé, les ovaires sont toujours en repos : il n'y a pas d'ovulation pendant toute la grossesse.)

b) L'OVULE N'A PAS ETE FECONDE.

Personne ne vient relancer le corps jaune. Comme une pendule qu'on n'a pas remontée, il s'arrête de lui-même au bout de 12 à 16 jours en moyenne, après avoir tout préparé pour accueillir l'enfant. Comme il n'y a pas d'enfant, son rôle est désormais terminé.

Cessant de fonctionner, *il s'atrophie, se flétrit,* ce qui entraîne :

- *l'arrêt de la sécrétion des deux hormones :*

— folliculine ;

— progestérone.

- *le flétrissement de la muqueuse utérine*

qui, privée de sa nourriture hormonale, « comme une feuille privée de sève », va se détacher, emportant ses réserves désormais inutiles. La chute de la muqueuse laisse une plaie qui saigne : c'est l'hémorragie des **règles,** « déception de l'utérus » suivant l'expression imagée de Geller.

- en même temps que disparaît la progestérone, *tous ses effets sont suspendus :*

— le col s'ouvre pour laisser le sang s'écouler,

— le blocage des ovaires est levé.

UN NOUVEAU CYCLE COMMENCE

avec le développement d'un nouveau follicule, la maturation d'un nouvel ovule, et la mise en œuvre de tout ce qui pourra favoriser sa fécondation, puis la vie de l'enfant dans l'utérus.

⁂

Ce fonctionnement cyclique des ovaires est **téléguidé** par une petite glande très importante qui se trouve dans la tête, sous le cerveau, en arrière des yeux :

L'HYPOPHYSE

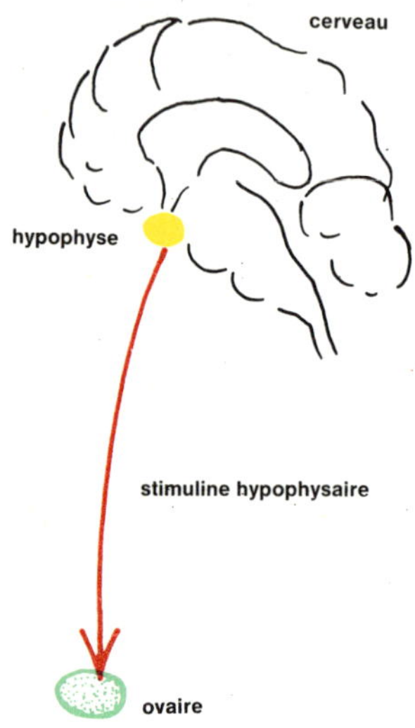

Il s'agit vraiment d'un *téléguidage* qui ne se fait pas par radio, mais par l'intermédiaire du sang qui emmène vers les ovaires les messages que leur adresse **l'hypophyse** sous forme d'hormones, appelées **stimulines** parce qu'elles ont pour but de stimuler l'ovaire à bien faire son travail en temps voulu.

Ainsi, au *début du cycle,* une stimuline (FSH) déclenche la maturation d'un follicule et de son ovule.

C'est une autre stimuline (LH) qui *provoque l'ovulation* ou ponte de l'ovule et le développement du corps jaune.

Il s'agit là de *réglages très minutieux* qu'il serait trop long d'expliquer ici.

Il importe cependant de souligner que, *l'hypophyse étant tout près du cerveau,* les émotions, les chocs, les événements petits ou grands de l'existence de chaque jour, *peuvent influencer son travail* et par suite, entraîner des variations dans le cycle de la femme, c'est-à-dire surtout dans la date de l'*ovulation*. Celle-ci peut par exemple être

- *avancée* par un voyage, un changement d'air, une émotion vive...
- *retardée* par un deuil, un gros ennui...
- *inhibée* par un dépaysement prolongé (pensionnaires).

Quand une femme redoute beaucoup une nouvelle grossesse, il n'est pas rare que les angoisses répétées après chaque union conjugale arrivent à la dérégler complètement.

Il peut en être de même, d'ailleurs, pour celles qui désirent ardemment une grossesse qui tarde à se réaliser.

A l'opposé, une femme très irrégulière peut voir ses cycles se régulariser peu à peu par le simple effet d'apaisement que lui apportent la connaissance de ses cycles et le repérage de son ovulation sur la courbe thermique. Devenue capable de prévoir un retard de règles, celui-ci ne l'inquiète plus...

***

Ainsi, chaque mois, dans le corps féminin, tout se prépare pour que la conception et l'édification d'un enfant soient possibles.

Comme, le plus fréquemment, cette conception ne se produit pas, le mois suivant, inlassablement, tous les préparatifs recommencent, dans l'espoir de réussir enfin ce chef d'œuvre :

LA CREATION D'UNE PERSONNE HUMAINE

Il est bien évident qu'*il n'est pas souhaitable* que cette création réussisse chaque fois. Une maman ne peut, tous les dix, onze mois, remettre un enfant au monde : bien vite elle serait débordée par les soins à donner à tant de bébés, surmenée par les grossesses rapprochées et ne pourrait venir à bout de l'éducation de ses enfants.

Une maman chatte peut bien avoir des petits tous les trois mois : dès la naissance ils savent trotter et dès le sevrage ils sont capables de se débrouiller tout seuls pour vivre correctement... en chats.

Il n'en va pas de même pour le petit d'homme dont le développement est beaucoup plus lent (il ne marchera qu'au bout d'un an ou même plus tard) et qui a besoin de ses parents et de très nombreuses années pour apprendre son difficile mais si beau métier d'homme.

La régulation des naissances, c'est-à-dire un espacement raisonnable, concerté, volontaire des naissances **est donc une nécessité dans un foyer,** tant du point de vue des parents, de la maman surtout, qu'à celui des enfants eux-mêmes.

Appeler un enfant à la vie est certainement l'acte qui engage le plus profondément la RESPONSABILITE des époux.

Est-il normal qu'il soit réglé par le hasard ? alors que, de nos jours, la science permet précisément qu'il ne le soit plus.

Dans certains foyers, le problème est inverse. Après plusieurs mois ou années de mariage, les époux n'ont pas réussi à avoir un enfant : ils se demandent avec anxiété si leur amour est condamné à demeurer *stérile.*

Les uns comme les autres ont intérêt à CONNAITRE LES MECANISMES qui aboutissent à la création d'un enfant ET LES CONDITIONS FAVORABLES

- soit à la fécondité d'une union conjugale,
- soit à son infécondité.

Or, cette longue étude nous l'a montré :

L'homme et la femme ont **chacun et ensemble** ce qu'il faut pour espacer judicieusement les naissances à leur foyer :

la femme est alternativement féconde (sauf cas de stérilité vraie) et inféconde au cours de chaque cycle.

l'homme est fécond (sauf cas de stérilité vraie) tous les jours. Mais, grâce à la maîtrise qu'il est capable d'exercer sur ses sens, il peut s'adapter au rythme de son épouse dès lors qu'il le connaît.

Il faut évidemment qu'ils le veuillent ENSEMBLE.

Mais, en pratique, comment pourront-ils repérer ces phases du cycle féminin ?

Le chapitre suivant va nous l'apprendre.

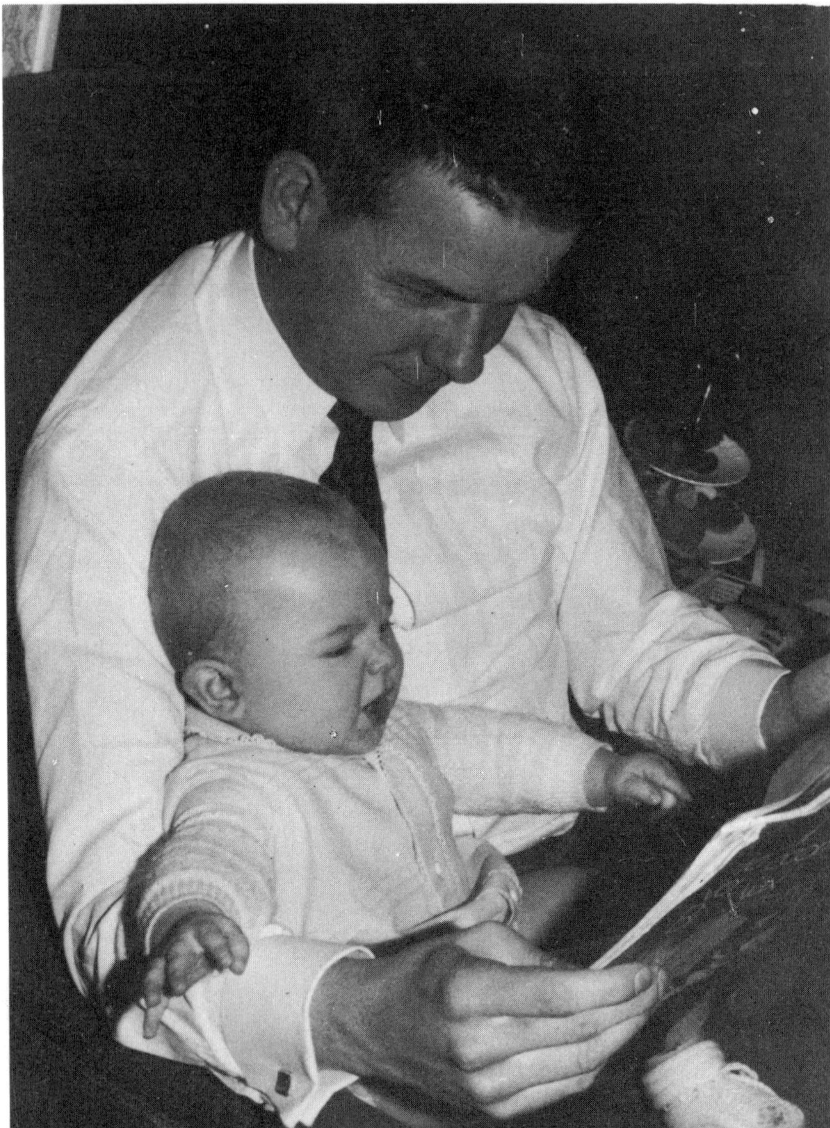

« Le lien du père au fils est un lien sacré, qui pèse, un lien direct, et les enfants le sentent bien. »

Péguy.

Chapitre 2

De la connaissance
des mécanismes de la fécondité à

la parenté responsable

« L'homme n'est vraiment homme
que dans la mesure où,
maître de ses actions et juge de leur valeur,
il est lui-même auteur de son progrès,
en conformité avec la nature
que lui a donnée son Créateur,
et dont il assume librement
les possibilités et les exigences. »

Populorum progressio (34).

« Etre libre,
c'est être capable de s'obliger
à être ce que l'on doit être. »

Toute cette délicate horlogerie du cycle féminin nous a émerveillés, mais demeure encore pour nous bien mystérieuse, se déroulant loin des regards, dans le secret.

Car enfin, ce cycle féminin ne se manifeste guère au dehors, sinon par les *règles* qui en marquent le début et la fin.

Or nous aurions un intérêt évidemment beaucoup plus grand à savoir repérer par exemple la *phase centrale,* celle de *l'ovulation,* qui se situe à la charnière de la phase féconde et de la phase stérile.

Cela est-il possible ?

POINTS DE REPÈRE DU CYCLE FÉMININ

Nous avons vu que le cycle féminin était sous la dépendance de plusieurs *hormones* sécrétées soit par l'HYPOPHYSE, soit par l'OVAIRE lui-même.

Ces hormones se commandent l'une l'autre et leur équilibre se modifie sans cesse au cours de l'évolution du cycle, chacune des phases étant caractérisée par l'influence prédominante de l'une d'entre elles.

Or nous avons pu noter, au cours de notre étude du cycle féminin, *certains effets de ces hormones plus accessibles à notre observation* que le déroulement du cycle proprement dit.

Nous allons les rappeler ici et peut-être en découvrir d'autres qui seront pour nous de précieux points de repère.

□ Ainsi, nous ne voyons pas mûrir progressivement l'ovule sous l'influence de la *FOLLICULINE,* mais nous pouvons observer la GLAIRE sécrétée par les glandes du col sous l'influence de cette même folliculine, puisque cette glaire s'écoule dans le vagin pour apparaître bientôt à la vulve.

Cette glaire, nous l'avons décrite semblable à du blanc d'œuf cru, transparente, élastique, brillante, bien différente des « pertes blanches » (1) que la femme peut avoir tout le mois et qui se dispersent dans l'eau de toilette.

La glaire cervicale, lorsqu'elle est bien nette, indique que la période la plus féconde du cycle est commencée : l'ovule va sortir ou même est en train de sortir de l'ovaire ; le col est entrouvert, les spermatozoïdes pourront pénétrer, grâce précisément à la présence de la glaire. Celle-ci disparaîtra après l'ovulation car, sous l'action de la progestérone, elle s'épaissira et se coagulera ; retenue alors à l'intérieur du col qui se refermera, elle y formera comme un bouchon, impénétrable par les spermatozoïdes.

Il importe de noter les jours où elle apparaît à la vulve. Ce sont les jours de plus grande fécondabilité de la femme.

Son abondance est variable d'une femme à l'autre et, chez la même femme, d'une période à l'autre de sa vie, selon l'état des glandes du col et le taux de folliculine.

Beaucoup ne repèrent sa présence qu'à partir du moment où elles connaissent son existence ; assez rares sont les femmes qui ne parviennent pas à la remarquer, soit par suite de son insuffisance, soit parce qu'elle est masquée par des « pertes blanches » trop abondantes.

□ C'est peut-être aussi à l'importance du taux de *FOLLICULINE* juste avant l'ovulation, qu'est due la petite PERTE DE SANG beaucoup plus rarement observée au moment de l'ovulation,

parfois minime : petit filet de sang dans la glaire,
glaire légèrement rosée,

parfois plus abondante, faisant croire à des règles,
« règles de quinzaine »
« règles du milieu du mois ».

□ De même, nous ne voyons pas l'ovulation se produire sous l'influence de la sécrétion brusquement très abondante d'une stimuline hypophysaire, mais certaines femmes pourraient ressentir une DOULEUR caractéristique au moment de *la RUPTURE DU FOLLICULE,* douleur soudaine, assez brève, au niveau d'un ovaire, à droite ou à gauche.

1. Ces pertes blanches sont une anomalie, due souvent à une petite infection soit du col, soit du vagin. Elles demandent à être soignées alors que la glaire est une sécrétion NORMALE du col.

En fait, cette douleur est souvent difficile à reconnaître parmi tant d'autres sensations plus ou moins désagréables qui peuvent avoir leur origine au niveau de l'un ou l'autre des organes abdominaux. Peu de femmes arrivent à l'individualiser.

Ce ne pourra jamais être, à soi seul, un signe certain d'ovulation. Ce ne peut être qu'un **signe d'appoint.**

□ De l'action de la *PROGESTERONE* dans la troisième phase du cycle, après l'ovulation, nous n'avons guère jusqu'ici noté qu'un signe bien négatif : la DISPARITION DE LA GLAIRE à la vulve, retenue qu'elle est, plus épaisse, au niveau du col pour en fermer l'accès aux spermatozoïdes.

□ L'on pourrait encore noter, chez certaines femmes, durant cette période où les deux hormones, folliculine et *PROGESTERONE*, conjuguent leur action, un GONFLEMENT plus ou moins important DES SEINS qui sont parfois légèrement sensibles : effet de l'hormone « maternelle » qui prépare déjà les seins pour l'enfant peut-être conçu. Ce gonflement cessera à l'arrivée des règles, mais se poursuivra par un développement manifeste des deux glandes en cas de grossesse.

□ Du point de vue qui nous occupe ici, une action autrement importante de *la PROGESTERONE* est connue depuis quelques années : il s'agit de son INFLUENCE SUR LA TEMPERATURE DU CORPS.

C'est en agissant sur les centres nerveux de la base du cerveau, chargés de la régulation de la température corporelle, que la progestérone, présente dans le sang de la femme pendant toute la phase d'activité du corps jaune, fait monter la température de quelques dixièmes de degré et la maintient à ce niveau jusqu'à la fin du cycle.

Si un homme en bonne santé prenait sa température chaque matin, il s'apercevrait qu'elle ne varie guère d'un jour à l'autre, aussi longtemps qu'il poursuive son expérience : il n'y a jamais de progestérone chez l'homme.

Une femme, par contre, se livrant au même exercice, constate bien vite que sa température se situe à deux niveaux différents au cours du même cycle ; et que ceci se renouvelle de cycle en cycle :

● AVANT L'OVULATION, il n'y a pas encore de progestérone (le corps jaune n'existe pas) : LA TEMPERATURE EST BASSE.

● APRES L'OVULATION, il y a de la progestérone (le corps jaune est en activité) : LA TEMPERATURE EST HAUTE.

● AU MOMENT DE L'OVULATION, il commence à y avoir de la progestérone : LA TEMPERATURE « DECALE » en deux à quatre jours en moyenne pour passer du niveau bas (celui d'avant) au niveau haut (celui d'après).

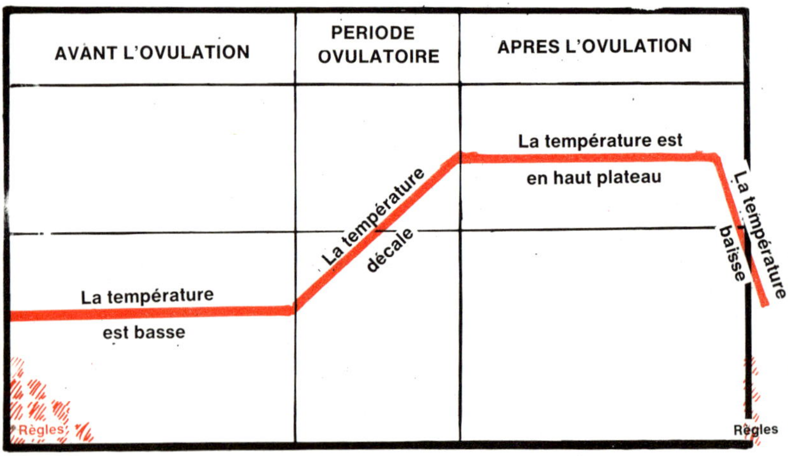

□ Enfin, si l'on n'assiste pas à l'atrophie et à *LA DISPARITION DU CORPS JAUNE,* les REGLES en sont le signe visible, puisque cette hémorragie est due au flétrissement de la muqueuse utérine, privée de son aliment hormonal.

☐ Dans le cas où une fécondation s'est produite, l'on n'assiste pas non plus au *MAINTIEN DU CORPS JAUNE PENDANT LES TROIS PREMIERS MOIS DE LA GROSSESSE.* Mais, si le retard prolongé des règles est pour la plupart des femmes le premier signe de probabilité d'une grossesse, LE MAINTIEN DE LA TEMPERATURE EN HAUT PLATEAU AU-DELA DE VINGT JOURS en est le premier signe de certitude.

*
* *

Ainsi tout un ensemble de signes accompagnent le cycle féminin, évoluant avec lui, et constituant pour la femme comme autant de POINTS DE REPERE de ses différentes phases.

Parmi ces signes, il en est TOUT UN FAISCEAU QUI SIGNALENT A SON ATTENTION, non pas avec précision le jour même de l'ovulation, mais ce que l'on peut appeler LA PERIODE OVULATOIRE, c'est-à-dire la période de trois ou quatre jours durant laquelle peut se produire cet événement central du cycle.

Celui-ci, l'OVULATION, **se fait bien à un moment précis**, un jour bien déterminé du cycle, **mais**, en l'état actuel de nos connaissances et de nos moyens de détection, nous ne sommes pas capables de déterminer avec certitude la date précise de l'ovulation.

Il y a quelques années, on pensait que l'ovulation se faisait le jour où la température était la plus basse. Ceci a été la cause de beaucoup de grossesses surprises car les relations conjugales étaient reprises souvent 24 heures après. Or actuellement on pense que ce point le plus bas de la courbe (minimum thermique) se situe entre un et trois jours avant l'ovulation et précède de peu la sécrétion, brusquement très abondante, de la stimuline hypophysaire chargée de déclencher l'ovulation et le fonctionnement du corps jaune. Remarquons qu'on n'observe pas obligatoirement de minimum thermique net à tous les cycles.

Il n'en reste pas moins que ce TEST D'OVULATION est à même de nous rendre les plus grands services puisqu'il est CONTEMPORAIN DE LA PHASE DE PLUS GRANDE FECONDABILITE DE LA FEMME. Il comporte essentiellement trois signes :

La glaire cervicale,
La douleur d'ovulation,
Le décalage thermique.

Le couple qui désire un enfant s'unira donc pendant la période qui commence avec l'apparition de la glaire et s'étend jusqu'à la fin du décalage, laquelle correspond d'ailleurs généralement à la disparition de la glaire.

Des trois *signes* qui constituent le test d'ovulation, LE PLUS IMPORTANT, LE PLUS SUR, parce qu'il est MESURABLE, c'est LE DECALAGE DE LA COURBE THERMIQUE.

Il est évident que, la température pouvant monter accidentellement sous une autre influence que celle de la progestérone (maladie, nuit agitée, heure plus tardive de prise de la température...) ce décalage thermique n'acquiert toute sa valeur de signe de l'ovulation que lorsqu'il est suivi d'une STABILISATION DE LA TEMPERATURE A SON NIVEAU HAUT PENDANT AU MOINS TROIS JOURS CONSECUTIFS.

Seule, en effet, l'installation de la température à son niveau élevé peut être considérée comme la preuve (2) qu'il y a un corps jaune en activité et donc que l'ovulation est passée.

Cet accès au troisième point haut donne alors l'assurance que LA PHASE STERILE EST COMMENCEE.

La phase stérile certaine du cycle commence le troisième jour du plateau confirmé, dès que le troisième point est noté, et dure jusqu'à l'arrivée des règles, c'est-à-dire jusqu'à la fin du cycle.

2. On pourrait également rechercher, par des analyses chimiques, la progestérone dans le sang et la doser. Il existe d'autres examens de laboratoire qui permettent de prouver l'activité du corps jaune. Mais ces analyses et ces examens sont longs et onéreux. Ils ne seraient pas à la portée de tous.

Il est important de savoir qu'ils ont été faits par de nombreux savants et que ce sont eux qui ont permis d'établir la haute valeur scientifique de la courbe thermique comme test d'ovulation.

En résumé...

1er jour du cycle ↓ cycle sa

	AVANT L'OVULATION
dans un ovaire — UN OVULE	...mûrit ... mûrit...
dans un ovaire — DES HORMONES	le follicule sécrète LA FOLLICULINE
dans l'utérus LA MUQUEUSE	se reconstitue, s'épaissit ...
LE COL DE L'UTERUS	... s'entrouvre ... s'ouvre ...
LA GLAIRE DU COL	... apparaît ... rend possib
LES SPERMATOZOÏDES	... peuvent entrer ...
LA FÉCONDATION	... est possible ... probable ...
LA TEMPÉRATURE	est BASSE

règles

condation — dernier jour du cycle

PERIODE OVULATOIRE	APRES L'OVULATION
est mûr et s'échappe	se flétrit, disparaît — les autres ovules sont bloqués
une stimuline hypophysaire Un peu de PROGESTĒRONE	le corps jaune sécrète LA PROGESTĒRONE
se prépare ...	se transforme en dentelle ... s'élimine — règles
est ouvert ...	se referme
la fécondation ...	se coagule bouchant le col
féconder ...	ne peuvent plus pénétrer
très probable ...	impossible

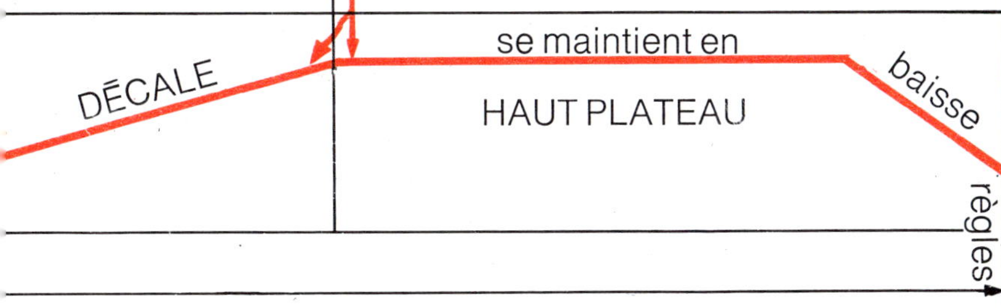

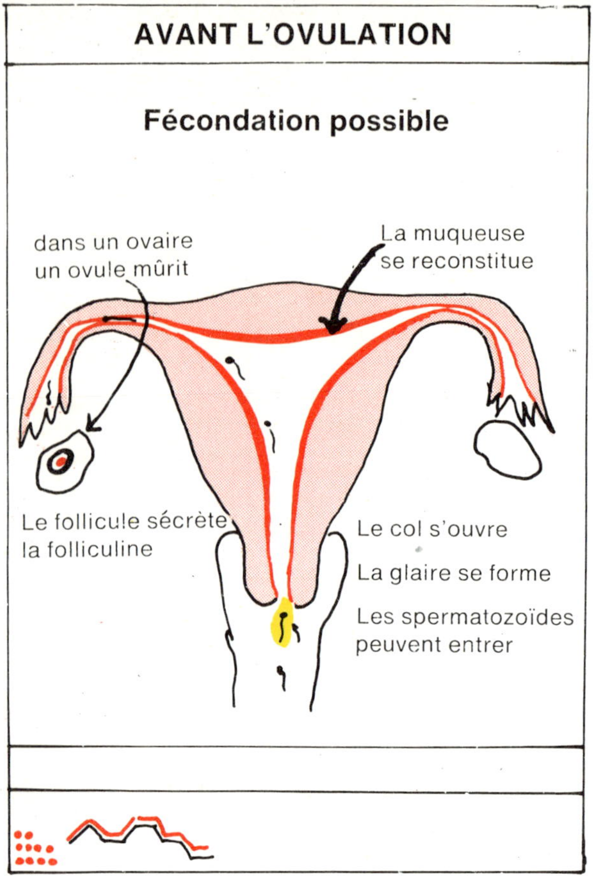

La température est basse

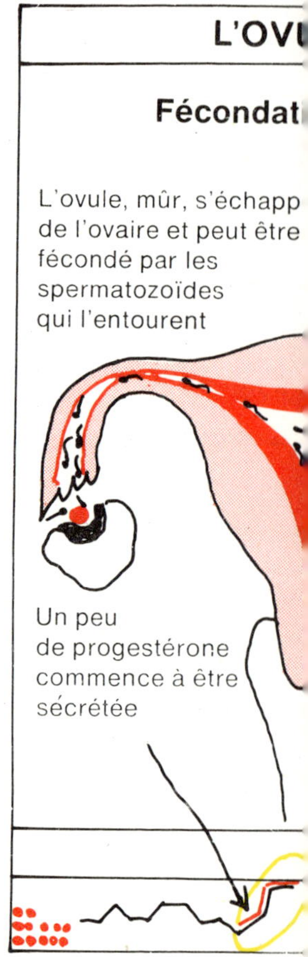

La tempér

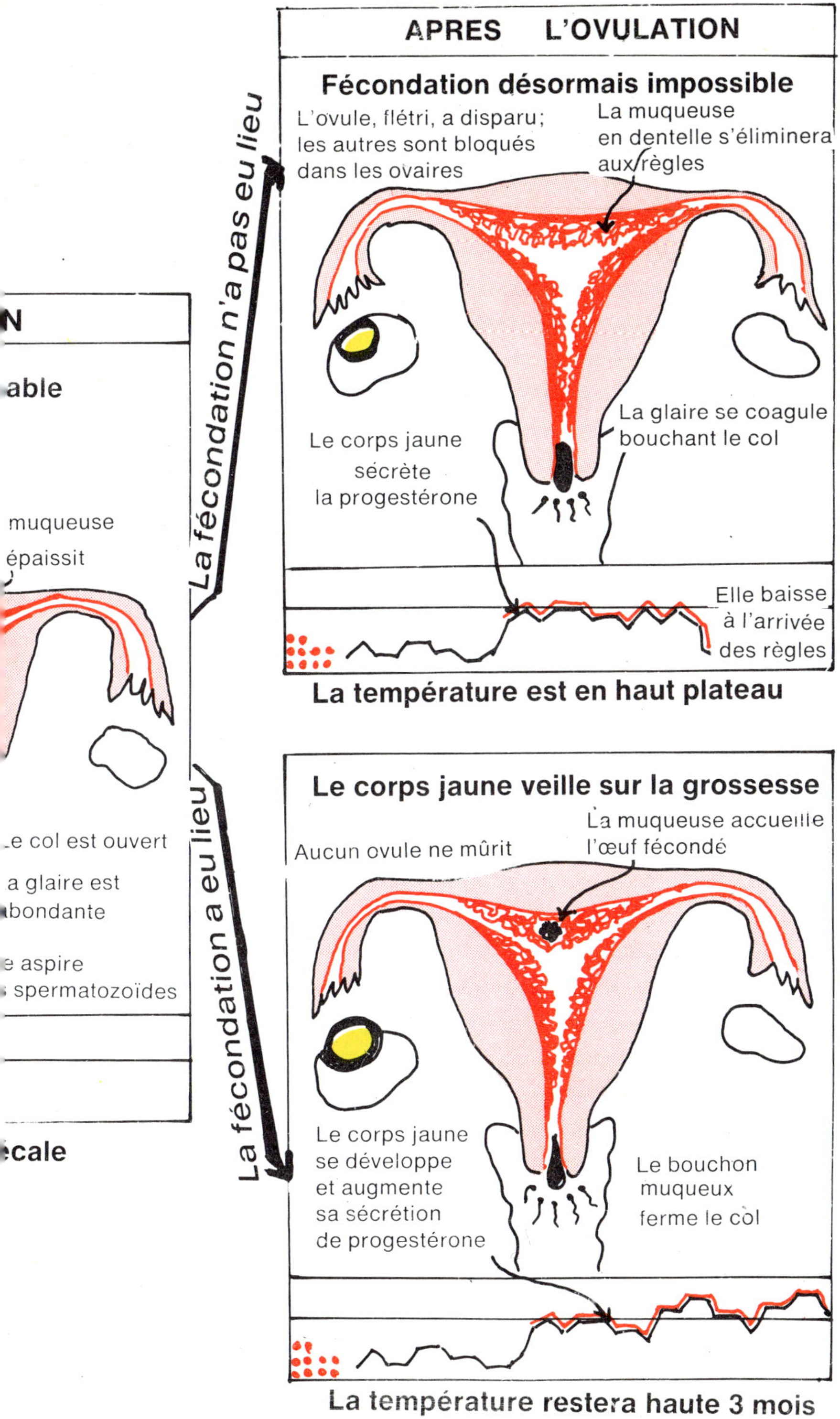

APRES L'OVULATION
Fécondation désormais impossible
L'ovule, flétri, a disparu; les autres sont bloqués dans les ovaires
La muqueuse en dentelle s'éliminera aux règles
Le corps jaune sécrète la progestérone
La glaire se coagule bouchant le col
Elle baisse à l'arrivée des règles
La température est en haut plateau
La fécondation n'a pas eu lieu
La fécondation a eu lieu
Le corps jaune veille sur la grossesse
Aucun ovule ne mûrit
La muqueuse accueille l'œuf fécondé
Le corps jaune se développe et augmente sa sécrétion de progestérone
Le bouchon muqueux ferme le col
La température restera haute 3 mois
N
able
muqueuse
épaissit
.e col est ouvert
a glaire est
ıbondante
e aspire
: spermatozoïdes
:cale

PRATIQUE DE LA COURBE THERMIQUE

Nous avons compris comment la courbe thermique pouvait nous aider à découvrir, dans le cycle, les périodes féconde et stérile.

Mais comment ETABLIR cette courbe pour qu'elle soit valable et que l'on puisse lui faire confiance pour la solution d'un problème aussi grave que celui de la régulation des naissances ?

Et comment être capable et sûr de bien l'INTERPRETER ?

1. ÉTABLIR SA COURBE

□ *Prendre sa température*

COMMENT

— avec un *thermomètre médical ordinaire ;* le thermomètre vaginal « spécial » coûte plus cher et ne donne pas de meilleure précision.

— en bon état (dont la colonne de mercure ne soit pas divisée par des bulles d'air).

— baissé d'avance et vérifié.

— à portée de la main.

— si possible *toujours le même* (il peut y avoir jusqu'à cinq dixièmes d'écart entre deux thermomètres).

— laissé en place (à l'anus) pendant *trois minutes* pour avoir le maximum de précision.

— lu immédiatement.

QUAND

le matin, au réveil.

Les femmes qui travaillent de nuit (infirmières par exemple) peuvent prendre leur température en se levant après leur plus long temps de repos. Il sera bon de noter ces points d'une autre couleur que ceux correspondant à des nuits normales. Au bout de quelque temps, avec un peu d'habitude, il est très possible de s'y reconnaître.

avant de sortir du lit.

Si l'on s'est levée durant la nuit, la température du matin à l'heure habituelle demeure valable, pourvu que l'on ait pu se recoucher au moins une heure.

Si, exceptionnellement, ce lever nocturne s'est multiplié au cours de la même nuit, il est bon de le noter sur la feuille de température ce jour-là : la variation de quelques dixièmes de degré qui peut en résulter, ne gênera pas pour interpréter la courbe dès lors que la cause en aura été signalée.

à la même heure si possible,

la température s'élevant légèrement au cours de la journée, même chez une personne couchée, plus ou moins selon les personnes, en moyenne de un dixième de degré par heure. Il sera donc *important de noter* sur sa feuille si on l'a prise plus tôt ou plus tard que l'habitude et de combien.

tous les jours,

du premier au dernier jour du cycle, de chaque cycle.

CE DERNIER POINT EST PARTICULIEREMENT IMPORTANT EN CERTAINES CIRCONSTANCES :

— *lorsqu'on débute dans la pratique de ce test,* tant que la lecture des courbes n'est pas devenue un jeu, c'est-à-dire au moins pendant les dix ou douze premiers cycles.

— *après une naissance,* pendant au moins six ou sept mois, parce que les cycles ne reprennent que peu à peu l'allure qu'on leur connaissait avant. Nous y reviendrons.

— *après une fausse couche,* pour la même raison.

— *à l'approche de la ménopause,* en raison de l'irrégularité fréquente des cycles et des anomalies qui peuvent s'y rencontrer.

— *lorsque l'on est malade* (on aurait la tentation au contraire d'abandonner sa courbe).

— *lorsque l'on est en traitement prolongé* ou lors de la prise de certains médicaments, hormonaux ou antibiotiques, spécialement.

— *lorsque l'on a des cycles irréguliers* car c'est la seule façon de bien comprendre chaque cycle avec son caractère particulier.

EN DEHORS DE CES CAS, SI L'ON A UNE GRANDE HABITUDE DE LA COURBE, IL PEUT ETRE SUFFISANT :

— d'avoir la température des neuf ou dix jours qui encadrent l'ovulation, en veillant toutefois à *commencer assez tôt dans le cycle* la prise de température pour ne pas risquer de laisser passer une ovulation précoce.

— On peut *arrêter la prise thermique lorsque le plateau de haute température est franchement stabilisé* (quatre jours à son niveau habituel) sans se laisser abuser par des paliers intermédiaires.

☐ Noter sa température

MATERIEL

— sur une feuille, un carnet ou un cahier *réservés à cet usage* (et non sur un brouillon que l'on perdra).

— *intérêt des feuilles spéciales* (dossier ménothermique du C.L.E.R. par exemple) ou de *papier quadrillé 5 × 5 mm* et préparé à l'avance pour un cycle.

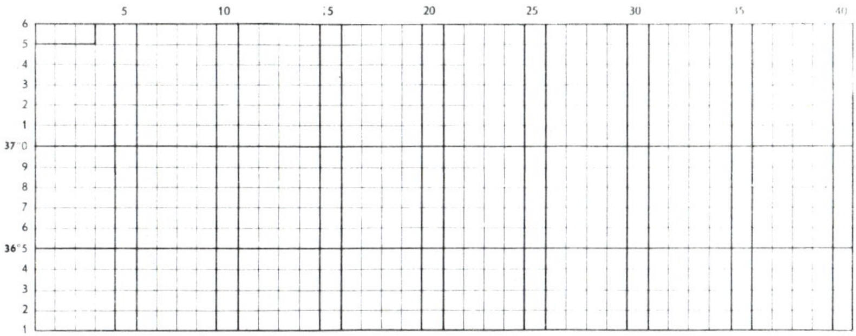

METHODE

sur la feuille du cycle noter :

1. La date du premier jour des règles, (jour, mois, année)

— indispensable pour individualiser le cycle dans la succession de tous les autres.

— l'inscrire en haut et à gauche de la feuille ; puis, de cinq en cinq jours, la date des jours suivants, points de repère précieux pour ne pas commettre d'oublis.

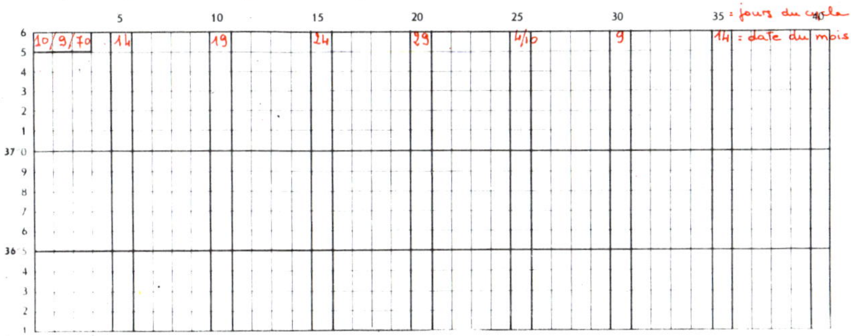

2. La température de chaque jour

aussitôt prise, aussitôt lue, aussitôt notée par un *point* situé :

- *dans la colonne verticale* à la date du jour,

- *sur la ligne horizontale* correspondant au dixième lu sur le thermomètre (il y a une ligne horizontale par dixième sur la feuille comme sur le thermomètre) ; si la colonne de mercure s'arrête entre deux traits, le point sera noté entre les deux traits horizontaux correspondants.

Chaque point est relié à celui du jour précédent par un trait.

Si la température d'un jour a été *oubliée*, on laissera un blanc sans joindre le point du lendemain à celui de la veille.

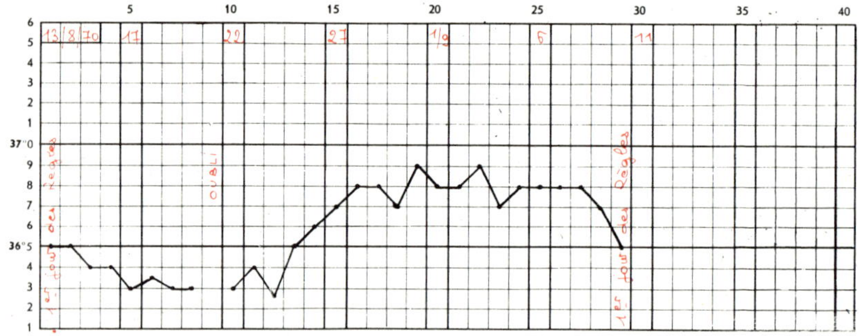

Lorsque les règles reviennent, il faut arrêter la courbe, revenir à la marge, pour commencer une nouvelle courbe sur une nouvelle feuille, celle du nouveau cycle qui commence. Le premier jour des nouvelles règles doit être marqué deux fois : une fois sur la feuille du cycle qui se termine, une fois au début du cycle qui commence.

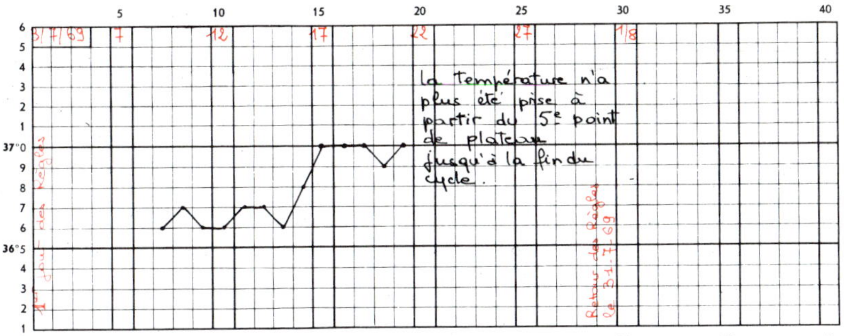

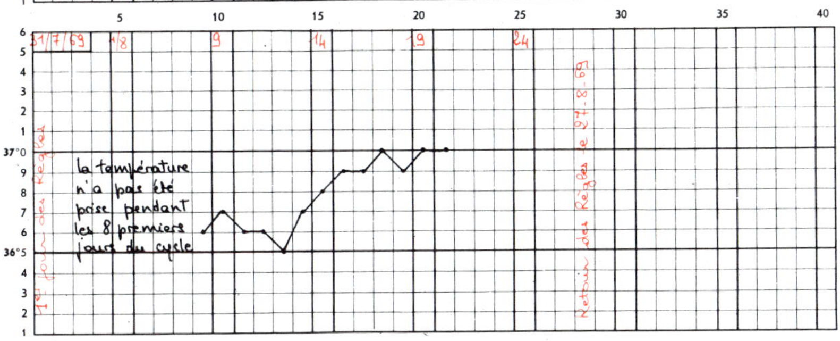

3. Les autres signes du cycle au-dessous de la courbe

puisqu'ils peuvent aider à repérer avec plus de précision les différentes phases du cycle.

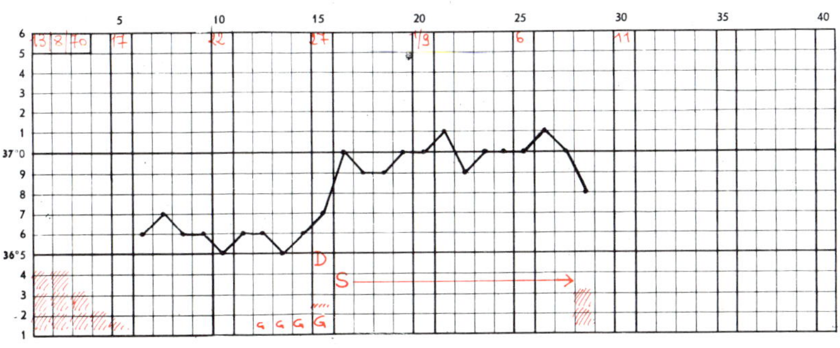

— *LES REGLES*

qui en marquent le début et la fin, seront indiquées, pendant toute leur durée, en *hachurant* un, deux ou trois petits carrés superposés, selon leur abondance. Si l'on observe, par hasard, des caillots, on les notera par des hachures plus denses.

— *Les autres petites PERTES DE SANG*

qui peuvent se produire au cours du cycle,

par exemple au moment de l'ovulation, avec la glaire ;

ou à l'occasion d'un traitement (électro-coagulation du col) ;

seront notées de même par de *légères hachures.*

— *La GLAIRE cervicale*

qui apparaît normalement avant l'ovulation sera notée par un « **G** » plus ou moins gros selon son abondance chaque jour où elle sera observée.

— *La DOULEUR d'ovulation,*

quand elle est ressentie et suffisamment caractéristique, sera notée par un « **D** » sous la courbe, à la date correspondante.

— *Le GONFLEMENT DOULOUREUX DES SEINS,*

que certaines femmes ressentent pendant toute la durée du corps jaune, pourra être signalée le premier jour par un « **S** » suivi d'une flèche horizontale indiquant la durée de sa perception.

4. Les événements, circonstances, médicaments, susceptibles de modifier le cycle ou la température, au-dessus de la *courbe.*

— *Une MALADIE, un MALAISE, une MAUVAISE NUIT... une EMOTION... un VOYAGE important...*

seront notés par un « ! » le jour où ils surviennent. Sous ce signe un mot précisera de quoi il s'agit (grippe, indigestion, dent, gorge, peur, voyage, nuit...).

— *Les MEDICAMENTS,*

spécialement ceux à base d'hormones et les antibiotiques seront signalés par un « ↓ » chacun des jours où ils seront pris. Le nom du médicament sera indiqué.

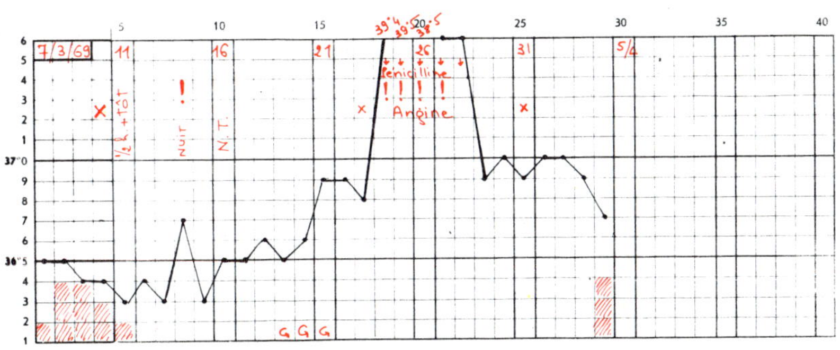

— *Les RELATIONS CONJUGALES*

certains couples aiment à les noter d'un signe discret pour mémoire « **X** ». Leur indication peut être utile au conseiller pour aider le couple à comprendre le cycle et ses phases féconde et inféconde, dans les débuts.

— *Si la température est PRISE à UNE HEURE INHABITUELLE,* il est important de le noter :

1/2 heure plus tôt.
2 heures plus tard.

— *Un CHANGEMENT DE THERMOMETRE*

doit être également signalé : « N.T. » = nouveau thermomètre.

2.
INTERPRÉTER SA COURBE

Votre courbe vous parle....
....sachez comprendre son langage.

Votre cycle est en train de se dérouler.

Vous ne voyez pas ce qui se passe en vous...

... mais, grâce à votre courbe, vous pouvez le savoir.

Il vous faut donc *APPRENDRE A LIRE* ce que vous dit votre courbe.

L'aide d'un spécialiste des courbes...

Elle vous sera bien nécessaire au début. Sans doute avez-vous bien compris la technique, mais celle-ci vous a été expliquée sur une courbe type, présentant un décalage superbe... C'était nécessaire, pour vous faire comprendre le principe. Peut-être vos courbes personnelles seront-elles légèrement différentes ; elles vous dérouteront... et vous n'oserez pas décider seuls de l'interprétation à leur donner.

D'ailleurs le but de ce conseiller sera de vous apprendre à LIRE VOUS-MEMES VOS COURBES : c'est vous qui les interpréterez devant lui, tandis qu'il vous fera comprendre vos erreurs, s'il y en a.

Si vous n'avez pas la possibilité de consulter un spécialiste AU COURS du premier cycle dont vous tracez la courbe, il sera prudent d'attendre LA FIN du cycle pour avoir la courbe dans son ensemble avant de tenter de la lire.

Etude de la première courbe terminée

Voilà donc votre première courbe terminée. Vous voyez bien apparaître les deux parties de votre courbe, la première basse, la deuxième à un niveau plus élevé. Mais vous n'oseriez pas préciser davantage.

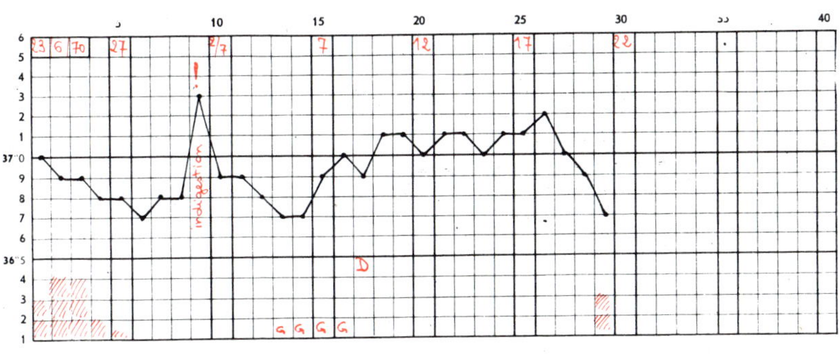

LA FEUILLE DE CACHE

Prenez alors une feuille de papier *que vous disposez horizontalement* sur votre feuille de température, de manière que son bord supérieur cache juste les points les plus hauts de la première partie de votre courbe (sans tenir compte, bien entendu, des points hauts accidentels dont la cause est connue et notée).

La deuxième partie de la courbe est alors seule visible au-dessus de la feuille de cache.

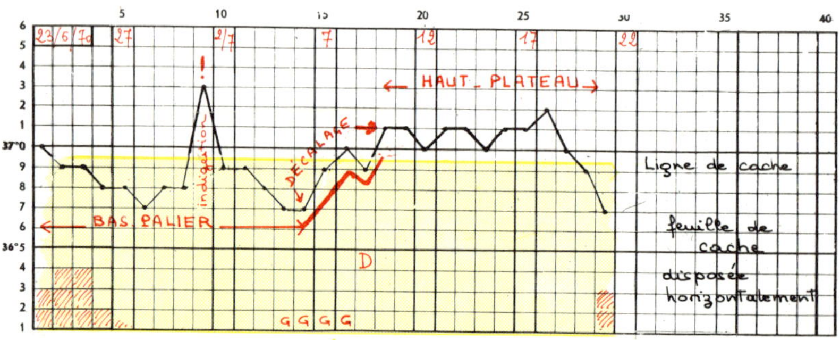

LA LIGNE DE CACHE

Un trait horizontal est tiré le long du bord supérieur de la feuille de cache ainsi disposée :

CETTE LIGNE SEPARE LA COURBE EN DEUX PARTIES

- **le bas palier,** au-dessous, à gauche,
- **le haut plateau,** au-dessus, à droite,
- la partie de courbe oblique, qui franchit la ligne de cache, constitue **le décalage.**

« Ceci paraît simple, pensez-vous, parce que nous voyons la courbe dans son entier, une fois le cycle terminé. Qu'en sera-t-il lorsque nous serons devant notre courbe, chaque jour, au fur et à mesure que le cycle se déroulera ? Il y aura des jours où la température montera, sans qu'on sache pourquoi ; saurons-nous reconnaître, au milieu de toutes ses variations, le décalage de l'ovulation ? »

C'est vrai. Aussi sur votre première courbe terminée, nous allons apprendre à lire une courbe au jour le jour.

Au jour le jour

Reprenez votre feuille de cache, mais *disposez-la* cette fois *verticalement* sur votre feuille de température, son bord gauche sur le bord gauche de celle-ci ; votre courbe est ainsi cachée tout entière : nous sommes au début d'un cycle.

Déplacez alors lentement la feuille de cache de gauche à droite : la courbe apparaît jour après jour comme elle vous apparaissait lorsque vous la traciez pendant le cycle.

PRENONS UN EXEMPLE, pour comprendre les questions que vous pourriez vous poser devant votre courbe au fur et à mesure que vous la tracez.
Vous partez du premier jour des règles, le 23 juin et vous revivez peu à peu tout votre cycle :

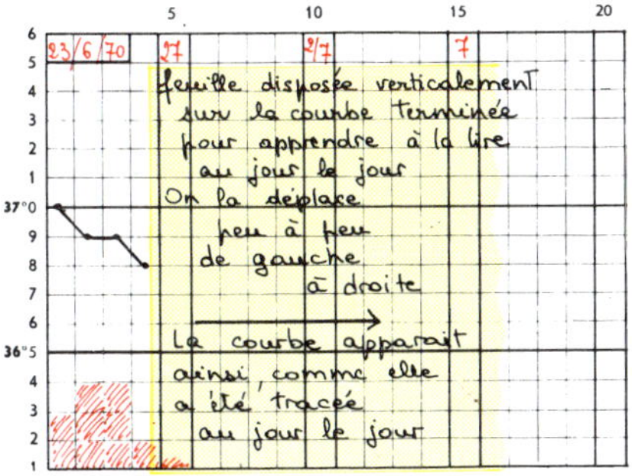

23, 24, 25, 26 juin : règles — « ma muqueuse utérine se détache parce que, au cycle précédent, mon ovule n'a pas été fécondé et que le corps jaune, par suite, s'est arrêté de fonctionner.

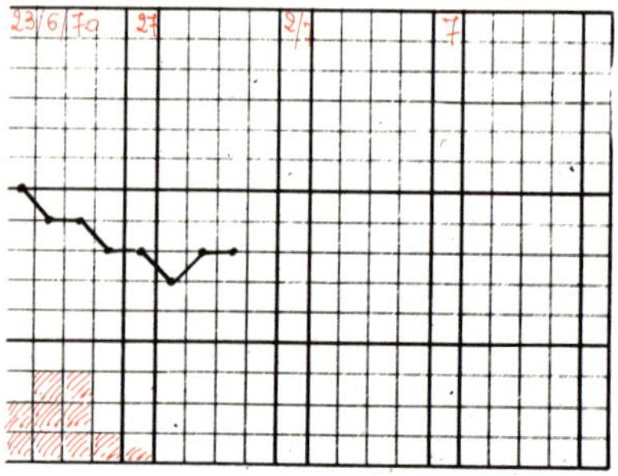

27, 28, 29, 30 juin : ma muqueuse repousse, grâce à la folliculine secrétée par le follicule qui est entré en développement le premier jour du cycle.
Un petit œuf se prépare aussi... quand sera-t-il mûr ? Je n'en sais rien. Bientôt peut-être ? Si nous avions une union, nous pourrions avoir un bébé...

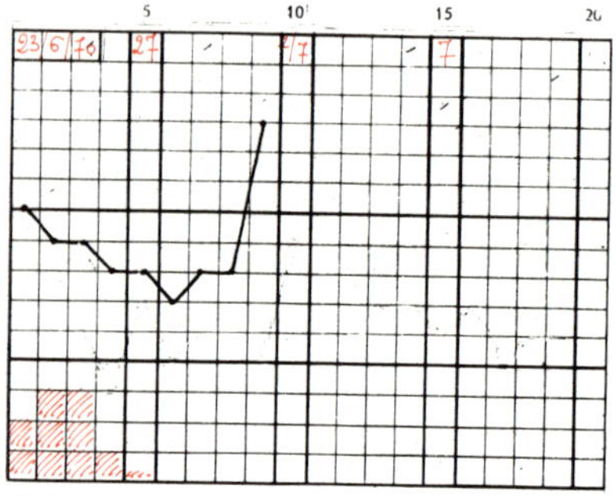

1er juillet : ma température monte ! Serait-ce l'ovulation ? C'est bien tôt ! Le neuvième jour ? D'habitude, c'est plus tard et ça ne monte pas si haut... C'est vrai, j'ai été malade toute la nuit, une bonne indigestion. Notons-le et attendons la suite des événements.

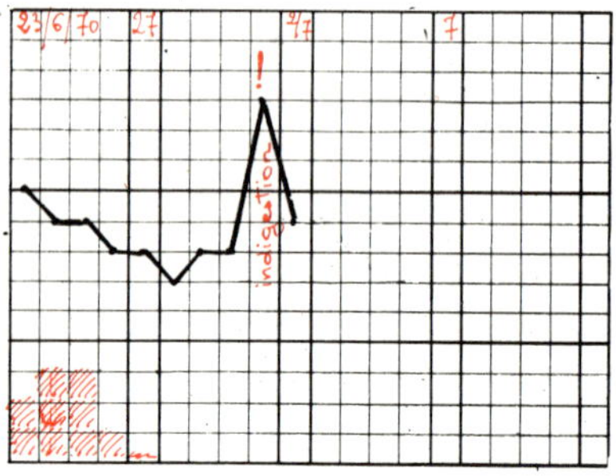

2 juillet : l'indigestion est passée et la température est retombée ; ce n'était donc pas l'ovulation. D'ailleurs les jours suivants la température baisse encore. Mon ovule se prépare toujours.

5 juillet : je remarque une perte glaireuse brillante et claire comme un blanc d'œuf. L'ovulation approche à grands pas, mon col est ouvert. Si nous voulions un petit enfant, ce serait le moment...

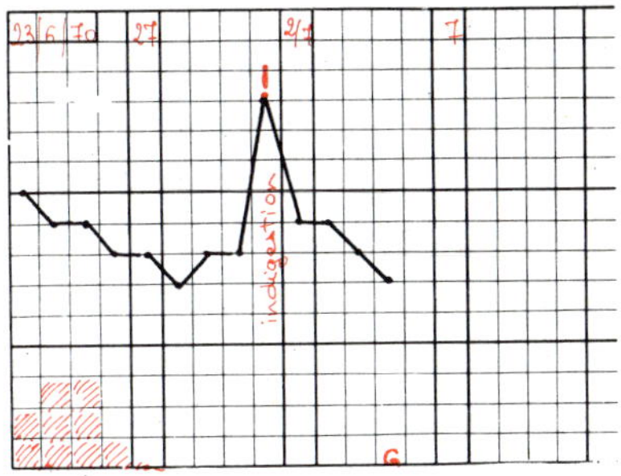

6 juillet : toujours la glaire. C'est bien cela, mais la température est toujours basse, elle ne va sûrement pas tarder à monter.

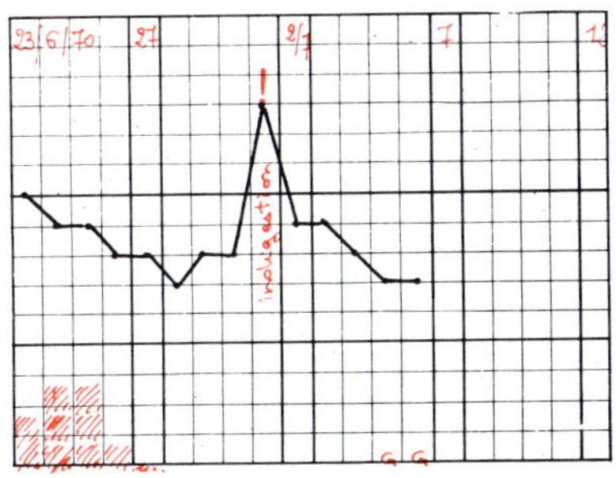

7 juillet : elle monte !

8 juillet : elle monte toujours ! Je vais tracer ma ligne de cache pour mieux voir ce qui va se passer : je laisse au-dessus le premier point du 23 juin, car je sais que pendant mes règles, surtout les premiers jours, la température est parfois haute.
Je laisse également au-dessus de la ligne le point à 37°3 du jour de l'indigestion.
Je trace donc ma ligne entre 36°9 et 37°. Elle recouvre bien tous les autres points jusqu'au moment où ma courbe semble décaler.
Ce 8 juillet, ma courbe a passé au-dessus de la ligne. Va-t-elle y rester ?

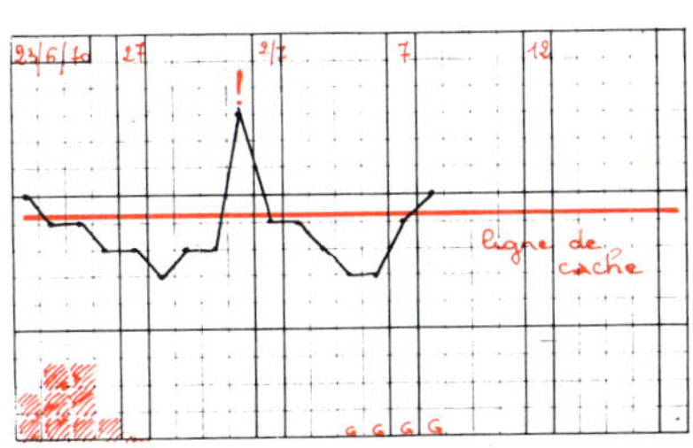

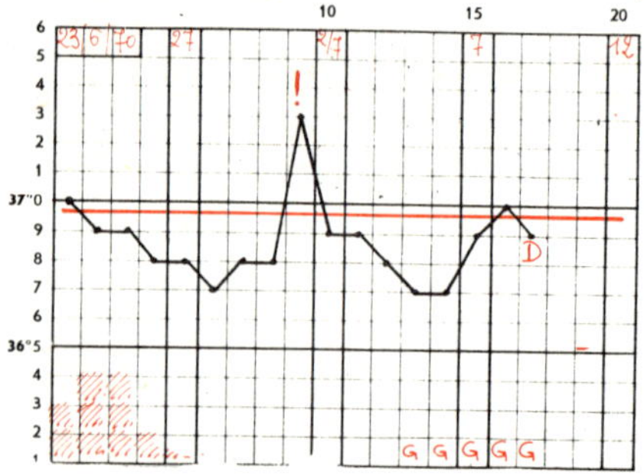

9 juillet : la température retombe d'un dixième. Pourtant cet après-midi j'ai ressenti une douleur vive à gauche. Serait-ce l'ovulation ? ma glaire est toujours abondante ; demain j'espère que ça remontera.

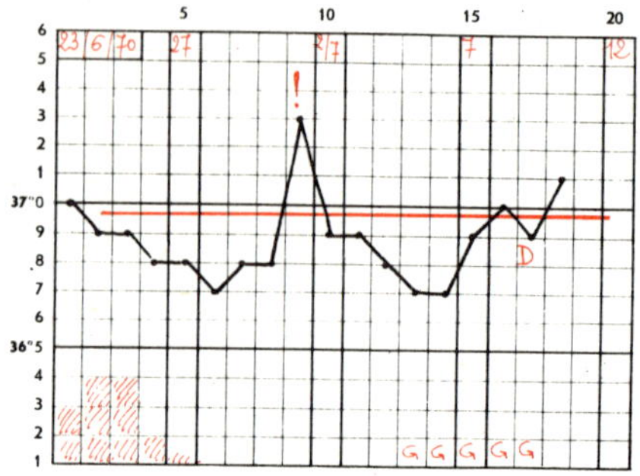

10 juillet : la température remonte bien mais ça ne fait qu'un point au-dessus de ma ligne, celui du 8 ne compte pas puisque le point suivant est sous la ligne. Trois points au-dessus en suivant, nous a-t-on dit. Attendons.

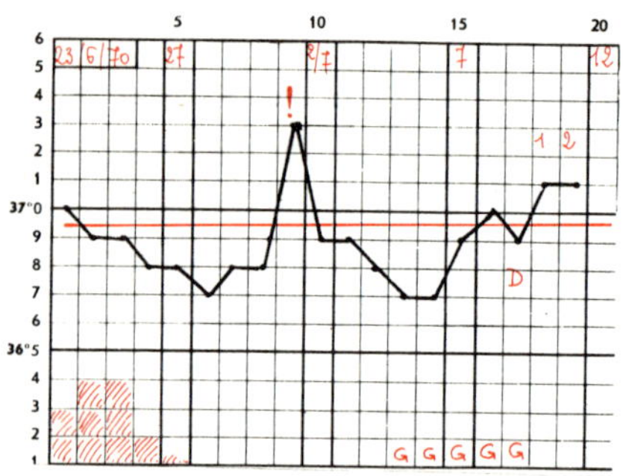

11 juillet : ça se stabilise, et je n'ai plus de glaire. Mais cela ne fait que deux points. Il faut vraiment être sûr que ça ne va pas redescendre.

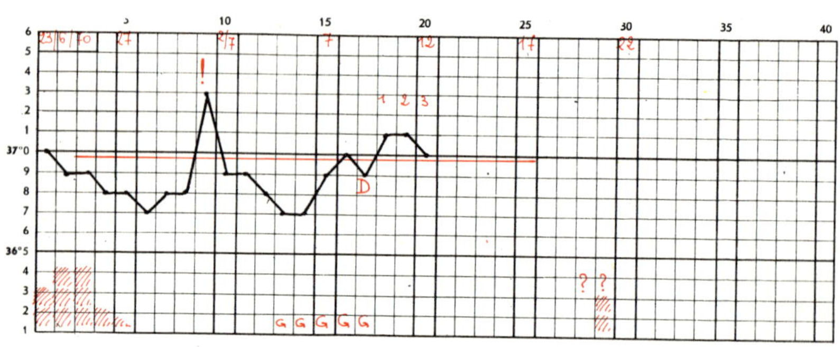

12 juillet : 37°. Voilà donc trois jours de suite au-dessus de la ligne. Les signes que j'avais notés les jours précédents (glaire, douleur) sont donc maintenant confirmés par le décalage thermique. Mon ovulation est certainement passée et mon ovule flétri (puisqu'il ne vit que 24 h. au maximum). Je prévois que ma température va rester haute jusqu'à l'arrivée de mes règles qui se fera vraisemblablement vers le 20 juillet puisque la durée du corps jaune est en moyenne de 12 à 14 jours. Jusque-là je sais que je ne puis plus être fécondée puisqu'il n'y a pas d'ovule mûr en moi et qu'aucun ne peut mûrir en ce moment. D'autre part mon col est fermé. »

C'est bien. Vous venez d'expérimenter que, grâce à la ligne de cache, VOTRE COURBE PARLE POUR VOUS UN LANGAGE VIVANT ET CLAIR.

Votre couple est alors en mesure de CHOISIR « SA » PERIODE POUR REALISER LA FECONDITE DE « SON » AMOUR :

- La première période très particulièrement, s'il veut donner à l'expression de son amour sa signification la plus pleine par l'appel d'un petit enfant à la vie,

- La deuxième période, lorsque cette fécondité charnelle n'est pas possible, pour assurer l'épanouissement d'un amour qui se veut disponible et fort pour les enfants déjà nés et pour le service des autres.

Dans la pratique, vous pourrez voir....

... des courbes assez proches de celles que nous venons d'étudier, tandis que .

d'autres se présenteront avec certains aspects assez différents.

VALEUR DU DECALAGE

Le plus souvent le décalage total est de *trois à six dixièmes de degré.*

Mais il peut varier d'une femme à l'autre et aussi, pour la même femme, d'un cycle à l'autre.

Peu importe.

CE QUI COMPTE C'EST QUE LE DECALAGE EXISTE

et donc que l'on puisse tracer *une ligne de cache* au-dessous de laquelle se trouvera la première partie de la courbe tout entière et au-dessus de laquelle se trouvera la deuxième partie de la courbe.

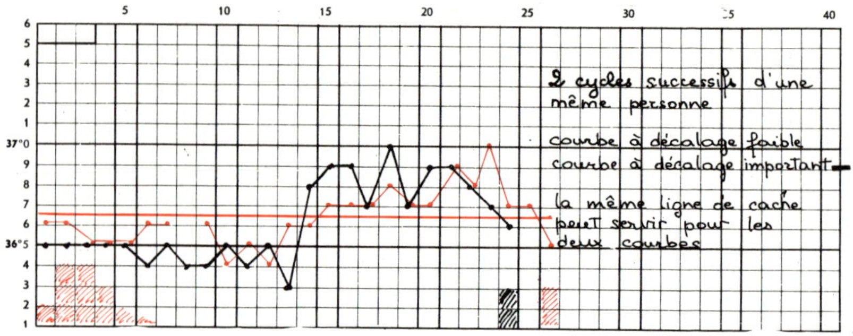

NIVEAU DU HAUT PLATEAU

L'exemple précédent nous prouve qu'*il peut varier CHEZ UNE MEME FEMME*

- d'un cycle à l'autre, ce n'est pas fréquent,
- d'une période de la vie à l'autre.

A plus forte raison varie-t-il *D'UNE FEMME A L'AUTRE.*

Remarquez que *nous n'avons jamais dit à quel niveau DEVAIT s'établir ce haut plateau.* Certains s'imaginent qu'il faut atteindre obligatoirement 37°. C'est vrai pour 30 % des femmes environ. Il en est d'autres qui montent toujours au-dessus de 37°. Et beaucoup d'autres ont toujours leur plateau au-dessous de 37°, comme c'est le cas dans l'exemple ci-dessus.

CE QUI IMPORTE, C'EST QU'IL Y AIT UN DECALAGE

et donc un bas palier et un haut plateau.

On remarque toutefois que, assez souvent, *chez une même femme,* LA LIGNE DE CACHE SE SITUE A PEU PRES AU MEME NIVEAU A CHAQUE CYCLE. C'est un point de repère qui peut être précieux.

Vous aurez ainsi sans doute *VOTRE LIGNE PERSONNELLE* à un niveau que vous allez bientôt connaître.

STABILISATION EN PLATEAU

Le décalage thermique n'acquiert toute sa valeur de signe de l'ovulation que lorsqu'il est suivi d'une *stabilisation* de la température *à son niveau haut* pendant au moins trois jours consécutifs, avons-nous dit p. 60.

Ceci implique que la courbe manifeste *au moins une tendance* à la stabilisation.

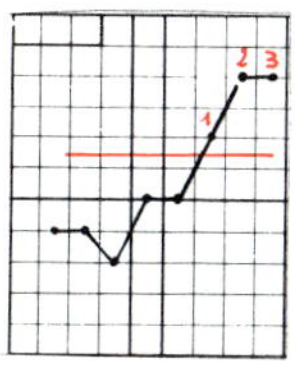

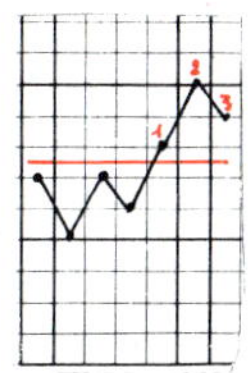

Si elle est encore en montée, il faut au moins un ralentissement de cette montée ; si cette condition n'est pas satisfaite, on attendra.

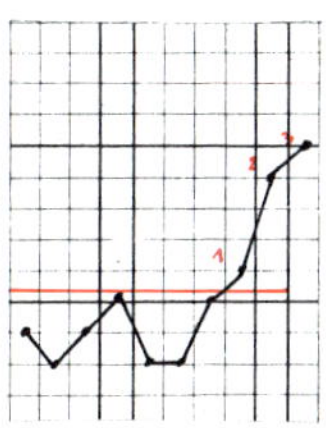

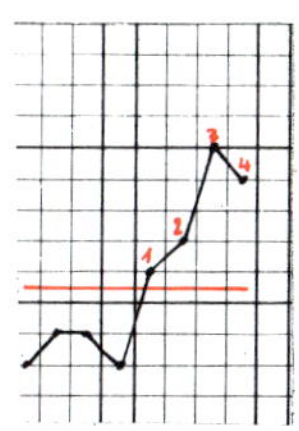

Si, entre le 2e et le 3e points, elle est redescendue de 2/10 de degré ou davantage, on comprendra qu'il faille s'assurer qu'elle va remonter et non continuer à descendre :

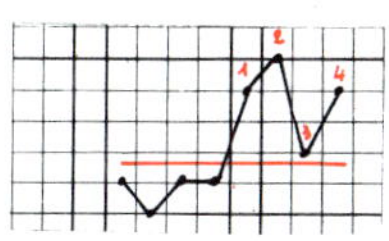

Il vous faudra encore montrer de la prudence et donc de la patience si la « stabilisation » se fait à un niveau nettement inférieur à votre niveau habituel :

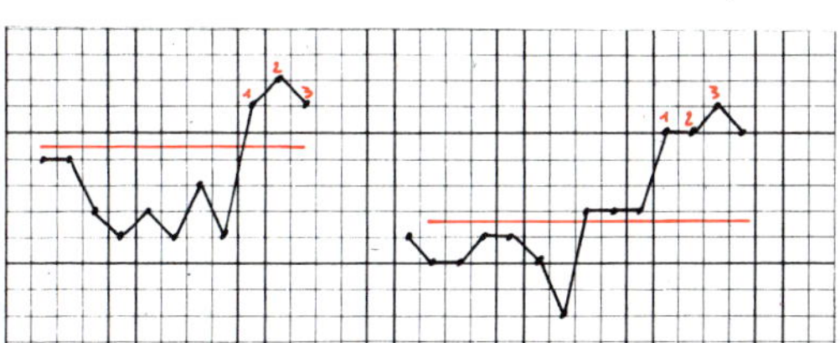

ASPECTS DU DECALAGE

Le décalage, c'est-à-dire le passage du bas palier au haut plateau est :

- *parfois très rapide,*

« EN FALAISE »

en un jour ou deux à raison de trois dixièmes par 24 heures et même davantage.

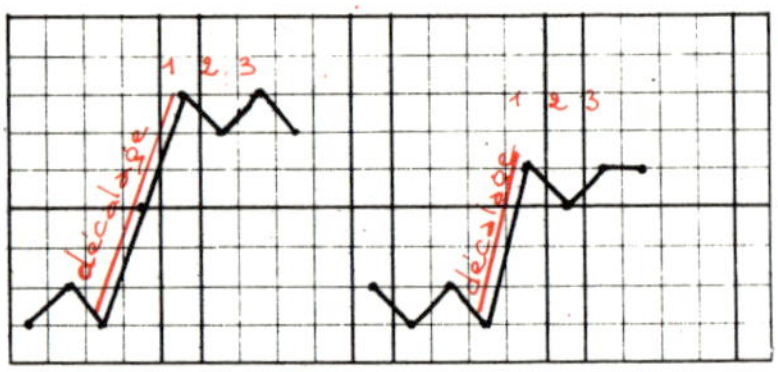

- *parfois **lent,***

« EN PENTE DOUCE »

en 4 ou 5 jours à raison d'un ou deux dixièmes par 24 heures, parfois moins.

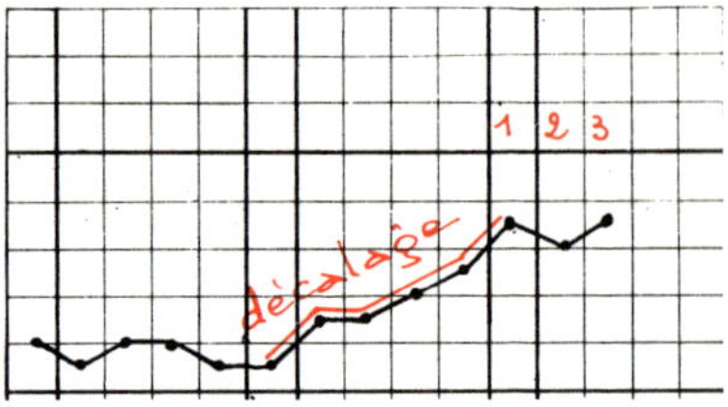

« EN MARCHES D'ESCALIER »

présentant des paliers de stabilisation transitoires. Le vrai plateau n'est atteint que lorsqu'il se situe au-dessus de la ligne de cache habituelle.

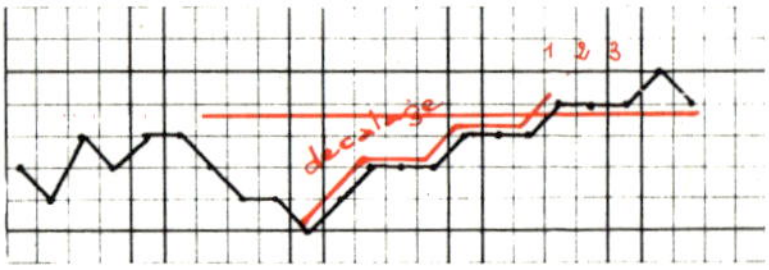

● *parfois plus difficile encore à discerner,* parce que la courbe thermique monte et redescend sans cesse.

« EN DENTS DE SCIE »

là encore la ligne de cache aidera à s'assurer de l'installation en haut plateau. On aimera parfois attendre un jour ou deux supplémentaires de stabilisation dans ces cas difficiles.

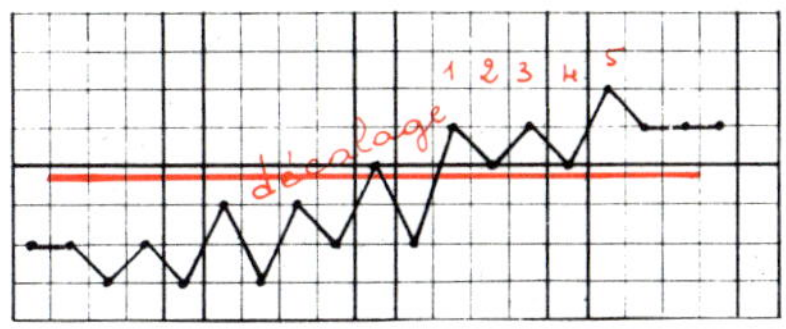

FAUX DECALAGES

Il existe parfois de faux décalages qui risquent d'induire en erreur tant que l'on n'est pas très expérimenté. Il est donc important d'apprendre à les dépister.

● Ce sont, par exemple, certains *DECALAGES PRECOCES,* survenant parfois vers le huitième ou le dixième jour du cycle, alors qu'habituellement le décalage ovulatoire se fait plus tard, aux 13ᵉ, 15ᵉ, 18ᵉ jours...

UN DECALAGE QUI SE PRODUIT PLUS TOT QUE D'HABITUDE DOIT ETRE TENU POUR SUSPECT.

● Ce sont, encore, certains *DECALAGES TROP IMPORTANTS* dépassant cinq à six dixièmes pour un seul jour. De tels décalages peuvent venir d'une cause accidentelle, tout à fait indépendante de l'ovulation, comme un début de maladie.

C'est là que *les autres signes,* accessoires, de l'ovulation, peuvent rendre service : si ce décalage anormal ne s'accompagne pas de la présence de la glaire que vous avez l'habitude de noter à ce moment, vous douterez de cette soi-disant ovulation ; même si un plateau semble se former, *vous attendrez au moins quatre ou cinq jours de vraie stabilisation,* au niveau habituel, avant de vous prononcer.

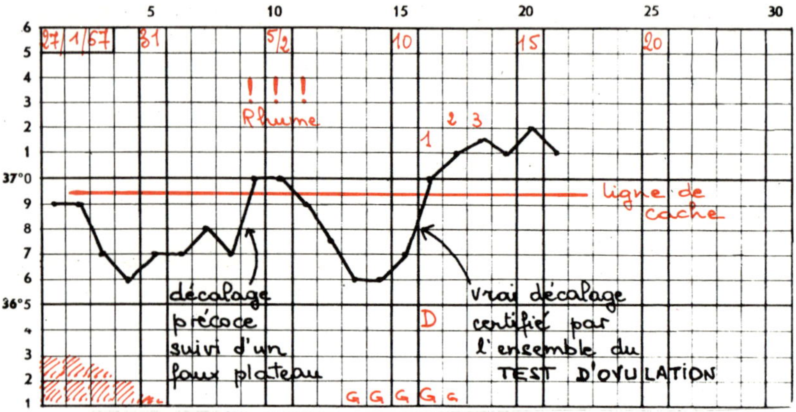

ABSENCE DE DECALAGE

Peut-être vous arrivera-t-il, une fois par hasard, de constater que votre température ne se décide pas à monter. Vous attendez, vous attendez toujours, et rien ne vient... sauf vos règles qui surviennent un beau matin sans que la température ait monté.

Que se passe-t-il ?

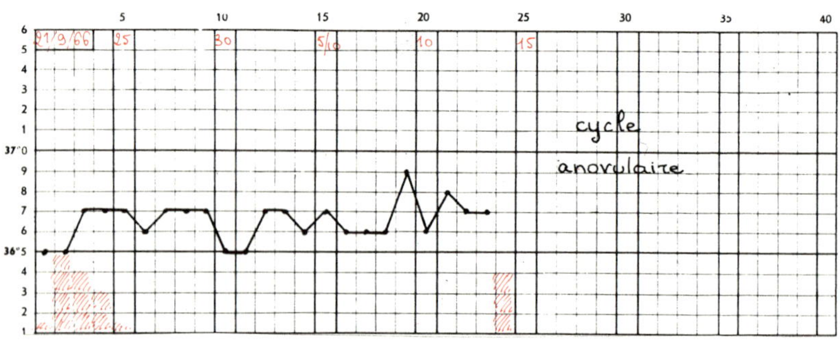

VOUS N'AVEZ PAS EU D'OVULATION, votre cycle était anovulaire = sans ovulation.

Vous étiez inféconde durant toute la durée du cycle, mais c'était impossible à prévoir.

Ne vous inquiétez pas si c'est une fois en passant. Cela peut arriver à toutes les femmes.

Mais si cela se reproduisait plusieurs cycles en suivant, il faudrait consulter votre gynécologue... à moins que vous n'approchiez de l'âge de la *MENOPAUSE ?* Et dans ce cas, il ne faudra pas trop vite vous croire définitivement inféconde... car si l'ovaire fonctionne mal, irrégulièrement, il peut encore, de temps en temps, amener un ovule à maturité... et cet ovule est parfaitement fécondable. C'est ce qui explique l'arrivée d'un petit dernier huit ou dix ans après les autres, à un âge où l'on a plus de dispositions pour être grand'mère que pour être maman.

En général on admet qu'après deux ans sans règles la ménopause est définitivement installée. A partir de cinquante ans il semble suffisant d'attendre un an sans règles pour affirmer la ménopause.

3.
UTILISER SA COURBE

Très vite, la « température » ne sera plus pour vous un ennuyeux et difficile travail... Vous apprécierez votre courbe comme un bon instrument qui permet de voir et de comprendre des phénomènes beaux et importants, mais cachés.

Votre courbe sera un peu comme un écran de télévision sur lequel chaque mois s'inscrira la courbe très particulière à CE mois, vous permettant de connaître exactement ce qui se passe en vous au cours de CE cycle.

Vous savez que la maturation de l'ovule demande plus ou moins de temps selon les femmes et, chez la même femme, selon les influences qui s'exercent sur elle. Il n'est donc pas possible, au début d'un cycle, de prévoir, à coup sûr, la date de l'ovulation, même en « calculant » d'après ce qui se passe d'habitude.

Par contre, votre courbe inscrit au fur et à mesure ce qui se passe, véritablement, en vous aujourd'hui.

C'est elle, et elle seule, (renforcée par les autres signes accessoires) qui vous renseigne sur les variations de votre ovulation : si vous ne pouvez *prévoir* une avance ou un retard de celle-ci, votre courbe vous les signale *dès qu*'ils se sont produits.

C'est dire *L'INTERET TRES PARTICULIER DE LA COURBE THERMIQUE POUR LES PERSONNES « IRREGULIERES ».*

Si vous en êtes, c'est en inscrivant vos cycles les uns au-dessous des autres qu'il vous sera le plus facile de les comparer. Vous aurez ainsi *la possibilité de prévoir le déplacement de vos règles :* en voyant votre décalage thermique se produire plus tard que d'habitude (par exemple le vingtième jour au lieu du quinzième) vous pourrez dès ce moment prévoir *un retard* de vos règles de cinq jours, et celui-ci *ne vous inquiétera pas.*

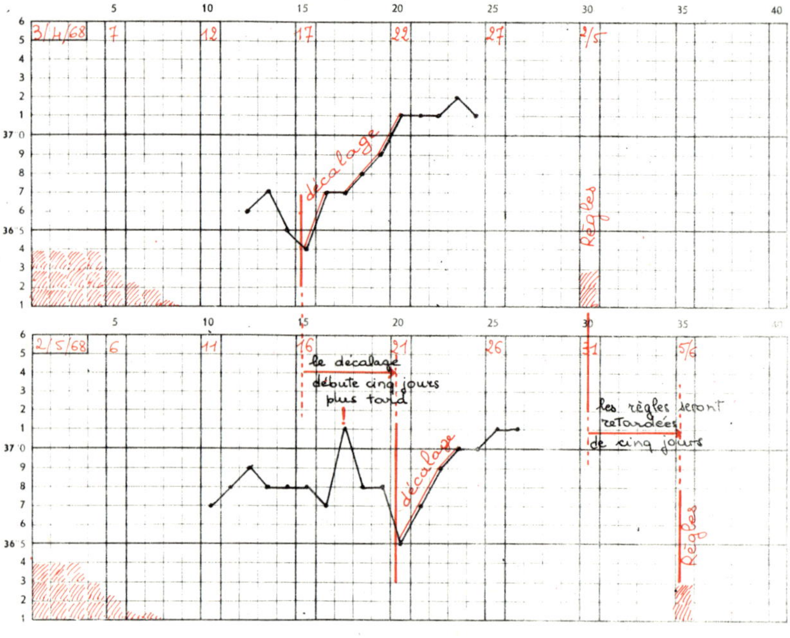

Quand on a connu ces inquiétudes de fin de cycle, on apprécie.

Sachez qu'*une certaine irrégularité est normale :* chaque femme a son rythme propre, très régulier ou plus fantaisiste, qu'elle doit apprendre à connaître et à accepter tel qu'il est.

Ce n'est que *lorsque des irrégularités trop importantes* se manifestent, rendant la vie conjugale par trop difficile (cycles très longs, plateaux hyperthermiques très courts) qu'il est conseillé de recourir au gynécologue, sans d'ailleurs qu'il soit absolument certain que l'on pourra parvenir à une amélioration durable.

Peut-être vous apercevrez-vous que votre décalage se situe *toujours au même moment* de votre cycle.

Vous aurez alors la TENTATION, comme tant d'autres, au bout de quelques mois, de ne plus tracer votre courbe et de vous baser sur cette régularité pour « calculer » votre phase féconde.

Cela marchera bien quelque temps ; puis, un beau jour, à la suite d'une émotion, après une maladie, ou au cours de vacances, ou même tout à fait inopinément, l'ovulation surviendra à une date inhabituelle, plus tôt ou plus tard que vous ne l'auriez attendue... et une grossesse se produira, que vous n'auriez peut-être pas désirée.

Alors, ne clamez pas votre déception : « La méthode des températures... ça ne vaut rien. »

Et si quelqu'un vous demandait de lui montrer « la courbe qui n'a pas marché » ?

Vous devriez bien alors avouer que depuis plusieurs mois vous ne la faisiez plus : « j'étais tellement régulière ».

MEME SI VOUS ETES « REGULIERE ».

IL EST NECESSAIRE DE TOUJOURS POURSUIVRE LES COURBES SI VOUS NE VOULEZ PAS ETRE SURPRISE PAR UNE VARIATION DE VOTRE OVULATION.

Savoir tout de suite, nous-mêmes, que nous avons réussi...

pouvoir lire sur sa courbe, parce que le haut plateau a déjà vingt jours, que le petit enfant tant désiré est en route... quelle joie !

pouvoir se faire soigner tout de suite pour qu'il « tienne », celui-là, alors que les deux précédents, on les avait perdus... quel espoir !

Et, en tous temps, surveiller son équilibre hormonal

C'est encore un des intérêts de la courbe thermique, qui permettra à votre gynécologue de vous soigner, si besoin, en connaissance de cause. Vous aurez avantage, alors, à en poursuivre chaque mois le tracé jusqu'aux règles.

Vous avez donc entre les mains un précieux instrument. *NE L'ABANDONNEZ JAMAIS, SURTOUT AUX PERIODES PLUS DIFFICILES :*

— après un accouchement,
nous en reparlerons ;

— à l'approche de la ménopause,
pour ne pas vous laisser dérouter par des irrégularités soudaines.

Servez-vous en. Sa valeur scientifique est grande si vous l'établissez *AVEC TOUT LE SOIN REQUIS.*

Mais elle est à votre portée...

Et vous découvrirez bientôt toutes les ressources qu'elle offre pour la vitalité de votre amour.

Chapitre III

Sens et valeur de la vie charnelle dans le couple

« Les manifestations mêmes de leur tendresse sont, pour les époux chrétiens, pénétrées de cet Amour qu'ils puisent au cœur de Dieu... ; c'est dire vers quelle communion intime, forte et riche, tend la charité conjugale. »

Paul VI

(Discours aux Equipes Notre-Dame)
4 mai 1970

« L'art d'aimer... est la science de faire durer et grandir, au cours d'une longue vie humaine, l'amour si rapide de la jeunesse. »

Jean Guitton.

Le premier chapitre, sur la fécondité du couple, nous a révélé un aspect important de la vie charnelle, qui lui donne *une dimension exceptionnelle :*

c'est la conscience de l'ouverture possible sur quelque chose de merveilleux : *LA CREATION,* non seulement d'une vie, mais, mieux encore, *D'UNE PERSONNE* pouvant surgir de la communion amoureuse des deux époux.

Mais, nous le savons par expérience, cette fécondité est aussi souvent pour eux, SOURCE D'ANGOISSE, car cette source de vie qu'ils sont à eux deux peut être si généreuse qu'elle débordera leurs forces physiques, leurs possibilités éducatives, leurs capacités économiques, les limites de leur logement,... etc.

Le deuxième chapitre nous a indiqué une voie de REGULATION DE CETTE FECONDITE basée sur la *connaissance* des processus de la génération et sur la *maîtrise* volontaire des comportements conjugaux. Il nous a semblé qu'elle pouvait conduire à la *sérénité.*

Pourtant, après la lecture de ces deux chapitres, une foule de questions et d'objections se présentent à notre esprit, dont la plus grave est certainement celle-ci :

Sans doute, cette connaissance est-elle possible ; à priori elle nous semblait bien difficile, mais nous avons compris qu'elle était à notre portée ; avec un peu de bonne volonté, le tracé de la courbe est réalisable ; quant à son interprétation, avec l'aide d'une personne compétente pour débuter, elle doit devenir bientôt familière. Surtout, il est permis d'espérer que les recherches entreprises aboutiront, dans un avenir plus ou moins proche, à nous livrer un test d'ovulation plus simple que le décalage thermique ou, mieux, la possibilité de prévoir la survenue de l'ovulation huit à dix jours d'avance.

MAIS IL FAUT POUVOIR *VIVRE* AINSI !

Car enfin, si nous comprenons bien, il va falloir, chaque mois, attendre quinze jours, trois semaines peut-être, parfois davantage. Comment voulez-vous ? Ce n'est pas possible ! Mon mari ne pourra jamais ! Notre amour a besoin de s'exprimer. Si vous nous restreignez ainsi, si nous ne pouvons plus nous aimer qu'avec votre permission, nous ne sommes pas d'accord. Nous voulons pouvoir nous dire notre amour librement, spontanément, sans que vous veniez nous dire : « permis », « pas permis ».

● Tout cela est vrai. Et d'abord, pour en finir avec votre dernière objection, nous espérons que, très vite, vous n'aurez plus besoin de l'aide de personne pour lire vos courbes, parce que vous aurez acquis assez d'expérience pour reconnaître vous-même si vous êtes en phase féconde ou en phase stérile et parce que, de toute façon, *c'est vous qui restez juges* de l'opportunité ou de l'inopportunité d'appeler un enfant à la vie. Cela, PERSONNE NE PEUT LE DECIDER A VOTRE PLACE.

● Puis, vous avez raison, le plus important, pour vous, époux, est de *vous aimer* et de vous aimer de plus en plus.

La vie conjugale, de quelque façon qu'on l'envisage, devrait être inconcevable sans amour. Aucun problème conjugal ne pourra jamais être résolu sans amour.

Or votre union charnelle est *SIGNE DE VOTRE AMOUR D'EPOUX*. C'est votre manière à vous de vous dire que vous vous aimez.

Elle est un SIGNE.

Mais un signe qui doit être *VRAI*, c'est-à-dire correspondre à l'amour que vous vous portez l'un à l'autre dans vos cœurs, au bien, au bonheur que vous voulez mutuellement l'un pour l'autre.

Sinon, ce signe ne voudrait rien dire, il serait un mensonge.

Et vous le sentez bien : échangé sans amour, ce signe ne vous rend pas heureux, il ne vous UNIT pas, il vous DIVISE.

Par contre, réalisée dans l'amour, cette union charnelle entretient et *FAIT VIVRE VOTRE AMOUR*. Car elle fait intervenir toutes les ressources, celles du corps, celles du cœur, celles de l'âme, de chacun des deux époux qui veut la joie de l'autre.

Si chacun cherche D'ABORD à rendre l'autre totalement heureux, il trouve ainsi pour lui-même une joie bien plus grande que s'il avait cherché sa propre satisfaction. Vous l'avez déjà remarqué. C'est d'ailleurs vrai toujours, et pas seulement dans la vie charnelle.

Chacun est alors reconnaissant à l'autre de cette joie qu'il lui donne et l'en aime encore plus et ne pense qu'à s'oublier davantage lui-même pour mieux répondre à la générosité de son conjoint.

C'EST LA, PRECISEMENT, QUE *LA MAITRISE* A SA PLACE.

Double maîtrise :

maîtrise dans l'union elle-même,
maîtrise dans le rythme des unions,

d'ailleurs profondément dépendantes l'une de l'autre.

« Pour se donner, il faut être en possession de soi. On ne peut donner que ce que l'on possède. Pour donner son corps, il faut en être le maître. Il faut donc que la sexualité soit maîtrisée pour devenir moyen de don, pour être au service de l'amour (1). »

- *Maîtrise qui s'apprend,* qui s'éduque dans une persévérante recherche commune, dans le dialogue et la prévenance mutuels.

- Maîtrise qui n'est *ni abstention, ni séparation.*

Car l'amour conjugal pour qu'il vive, doit pouvoir s'exprimer en tous temps, de façon peut-être différente selon les phases du cycle, mais toujours conjugalement, dans la tendresse et le don mutuels. L'amour lui-même fera découvrir aux époux comment se servir humainement de toutes les ressources de leur sexualité maîtrisée.

- Maîtrise *plus exigeante parfois,* en certaines périodes.

1. Dr et Mme Rendu, *Le dialogue d'amour dans le couple,* Fiches documentaires du C.L.E.R. 36.

N'en avez-vous pas fait vous-même l'expérience ? Sans y penser, peut-être, tant la chose vous a semblé normale et comme allant de soi. Rappelez-vous. Oui ! il vous est arrivé de rester quelque temps sans unions, parfois même assez longtemps :

- parce que l'un ou l'autre était malade ;
- à la fin d'une grossesse, sinon pendant toute la grossesse ;
- et encore après la naissance ;
- parce que vous étiez éloignés l'un de l'autre pour raison de travail, pour la santé des enfants nécessitant un changement d'air... etc.

Cela vous a coûté, mais vous l'avez accepté de bon cœur parce que vous vous aimiez, parce qu'il y avait une raison sérieuse à cela.

Peut-être même avez-vous senti à quel point *votre amour* en était sorti *PLUS FORT ?*

— d'abord, bien sûr, parce que vous l'avez accepté par amour ;

— puis à cause de toutes ces merveilles que votre amour a su inventer pour se dire quand même : que d'attentions délicates, de respectueuse réserve, de dévouement silencieux, de patiente compréhension durant ces périodes d'épreuve !

— mais aussi parce que cette nécessité de maîtriser provisoirement votre désir a entraîné une certaine exaltation de votre amour, même sur le plan physique : ce fond de désir, que vous avez pu éteindre au niveau des sens, il a persisté, malgré tout, dans l'être entier, vous rapprochant merveilleusement, vous gardant l'un et l'autre dans cet état de désir mutuel qui est le potentiel énergétique de l'amour.

Et n'avez-vous pas fait l'expérience inverse ? Que satisfaire son désir au jour le jour a souvent pour effet de supprimer le désir même et toute joie d'aimer ? Que des relations trop fréquentes finissent par perdre tout leur sens ? On n'accomplit plus ce geste que par routine, parce que c'est l'habitude, simplement pour satisfaire un besoin physique (pour le mari) ou par devoir (pour la femme « il faut bien s'y soumettre »), mais on n'y met plus tout soi-même. On s'y prête de l'extérieur, c'est tout. Alors, ON SE LASSE L'UN DE L'AUTRE.

Pour la vie du foyer, la SIGNIFICATION, la qualité des relations charnelles importent beaucoup plus que leur nombre.

Si bien que cette « abstinence », que vous redoutez, peut rendre chacune de vos unions plus belle.

Finalement, cette vie charnelle, qui vous préoccupe tant, qui est certes votre richesse privilégiée d'époux, n'est tout de même pas la seule, elle n'est même pas la première. Signe et soutien de votre amour, elle n'est cependant pas encore l'amour.

Cet AMOUR, votre amour, n'est-ce pas lui la VRAIE REALITE, FONDAMENTALE, de votre vie de couple ?

Cet amour, vous ne vous contentez pas de le vivre de temps en temps, le soir, un moment avant de vous endormir. Il est une REALITE PERMANENTE de votre vie, vous en êtes bien d'accord. Il pénètre dans toute l'épaisseur de cette vie, à tous les niveaux.

Certes, l'expression charnelle en est la manifestation privilégiée, spécifique. Mais IL A BIEN D'AUTRES *LANGAGES*.

Il y a aussi tous les autres moments de votre vie d'époux, tous les efforts qui ne sont jamais achevés, les joies et les peines ressenties en commun, en communion, le soutien mutuel, matériel, psychique, spirituel... et c'est l'ensemble qui aboutit à l'épanouissement mutuel de vos deux personnes.

Dans cet amour, on ne peut séparer le corps et l'âme, ce qui est charnel et ce qui est spirituel. Tout est l'un et l'autre à la fois. Le corps a sa part de toutes les peines comme de toutes les joies. L'esprit de même. L'UNION CHARNELLE elle-même n'est pas le simple échange de deux plaisirs, encore moins la mise en action de deux instincts. Elle est une communion, qui s'inscrit dans la communion, beaucoup plus large, de *toute votre vie*. Elle en fait partie. Elle se prépare et se prolonge en elle.

ELLE S'APPUIE SUR TOUT UN CLIMAT D'*ECHANGES*, DE *DIALOGUE* :

- *dialogue en tout temps*

— sur tous les plans, charnel, matériel, culturel, social, spirituel, religieux...

— sur tous les sujets : le budget, la mode, la cuisine, les loisirs, l'éducation des enfants...

- *petits et grands échanges*

— marques de tendresse,

— attentions délicates (petits cadeaux, fêtes et anniversaires soulignés, pantoufles préparées pour le retour du travail...)

— menus services rendus discrètement,

— compliments au moment opportun (« Ta robe te va bien » — « je suis fière de toi »).

Tout cela s'apprend, se perfectionne au fil des ans, se renouvelle pour n'être jamais routine, mais jaillissement d'un amour toujours jeune. Tout cela est particulièrement important dans les périodes difficiles de la vie conjugale, telle l'approche de la ménopause.

Tout cela culmine, à son heure, dans la rencontre conjugale ; celle-ci, à son tour, donnant un merveilleux élan pour vivre, dans l'amour véritable, la grisaille des jours suivants.

Cependant, vous le savez, cette préparation lointaine ne suffit pas : **l'homme et la femme n'ayant pas la même façon de voir et de vivre les choses,** ont besoin de « S'ACCORDER », le moment venu, s'ils veulent « VIBRER » ENSEMBLE, tant ils sont différents lorsqu'ils abordent cet acte qui, des deux, doit faire un seul :

- l'HOMME, aisément présent à ce qu'il fait, facilement oublieux des préoccupations de l'instant précédent, peut être prêt en quelques minutes, dans son esprit et dans son corps, à réaliser l'union sexuelle et à y trouver sa satisfaction. Il suffit qu'il en ait le désir.

● chez la FEMME, le désir de l'union est généralement beaucoup plus lent à naître. Il est lié, chez elle, à un besoin de tendresse et de compréhension. Elle veut sentir qu'elle aime et qu'elle est aimée, véritablement aimée. C'est pour elle surtout que la préparation est nécessaire : elle ne peut se donner que dans un climat d'amour partagé.

Elle a besoin, aussi, pour se donner tout entière, de pouvoir se libérer de toute préoccupation étrangère. Or la femme, la mère surtout, porte constamment en elle ses soucis et toute sa vie. Il faut toute la tendresse délicate de son mari et, de sa part à elle, une volonté de lui être tout entière disponible, pour parvenir à se libérer. Aussi lui faudra-t-il beaucoup plus de temps qu'à son mari pour être prête à l'accueillir.

Le climat de tout le jour peut y contribuer grandement, ainsi que l'habitude du dialogue. Néanmoins ce dialogue doit se faire particulièrement intense et profond, accompagné de marques de tendresse que les époux sauront inventer et rajeunir sans cesse, dans les instants qui précèdent la rencontre charnelle. Ils sauront s'exprimer mutuellement ce qu'ils ressentent, *S'ATTENDRE POUR ETRE ENSEMBLE,* au même pas, au même rythme, tout au long et jusqu'au terme de cette conjonction de leurs deux personnes en un être unique : leur *NOUS*.

Plus ils se seront oubliés l'un pour l'autre, le mari maîtrisant son désir pour attendre que son épouse soit prête, la femme effaçant tout souci pour se rassembler en elle-même et se tourner totalement vers son mari, celui-ci enfin sachant prolonger le dialogue pour répondre à l'immense besoin de tendresse de son épouse, plus leur union sera profonde et heureuse, plus leur amour grandira.

Cette maîtrise d'eux-mêmes, ils auront à l'exercer non seulement dans la réalisation de leurs unions charnelles, mais encore tout au long du cycle, d'une part pour conserver à chaque union son caractère de profondeur et de vérité qui semble exiger un certain degré de rareté, d'autre part pour réaliser un raisonnable espacement des naissances.

L'UNION CHARNELLE, AINSI VECUE, PORTE DES *FRUITS* MERVEILLEUX :

● Elle crée et renforce L'UNITE DU COUPLE, chacun s'efforçant de faire disparaître ce qui, en lui, peut faire obstacle à une vraie rencontre.

● Elle crée et édifie L'ENFANT.

— c'est en elle que la vie lui est donnée ;

« si légitimes et si profonds que soient en effet son pouvoir « et son vœu de communion totale, l'amour conjugal n'atteint « sa vérité qu'en laissant apparaître en son sein le fruit « de son intimité : l'enfant (2) ».

— c'est par elle que lui est assuré le climat d'amour nécessaire à son heureux développement et à son éducation.

● Elle est la source d'une FECONDITE TRES LARGE du couple. C'est en elle que chacun et tous les deux puisent le dynamisme nécessaire à d'autres travaux au service de leurs frères.

CETTE MAITRISE POURTANT, N'EST PAS SANS *DIFFICULTES* ET POUR BIEN DES RAISONS :

— climat surexcité de nos journées ;

— fatigue nerveuse qui en résulte pour chacun des époux ;

— exiguïté du logement ;

— cohabitation avec les parents de l'un ou de l'autre ;

2. G. MARTELET. *Existence humaine et amour.* Desclée 1969. p. 77.

— vie surchargée de l'épouse qui « travaille » et doit assumer la triple existence de professionnelle, de mère de famille, de maîtresse de maison, ce qui rend plus difficile sa disponibilité comme épouse ;

— absences périodiques du mari militaire, représentant, marin...

— difficultés venant d'un manque de vraie préparation à la vie conjugale, voire, même encore aujourd'hui, d'une ignorance totale à son sujet ;

— difficultés venant d'une certaine éducation, de conditionnements qui ont faussé le sens de la sexualité et l'idée qu'on se fait de son exercice ;

— difficultés tenant encore à la peur angoissée d'une nouvelle grossesse qui serait ressentie comme une catastrophe dans les conditions actuelles du foyer ;

— difficultés, malgré la bonne volonté, venant de l'excessive irrégularité des cycles de l'épouse, mettant la patience à rude épreuve...

● Tout cela peut faire que *l'harmonie soit parfois difficile à trouver*, que les époux ne parviennent pas à se rejoindre dans des conditions suffisantes de détente physique et morale.

Echec qui peut susciter une certaine agressivité ou simplement une peur mutuelle. Echec auquel on s'efforcera de redonner ses justes dimensions, car il n'est qu'un élément de l'humaine condition dans laquelle on ne pourra jamais que tendre vers la vraie plénitude, sans jamais l'atteindre.

● C'est vrai, *l'amour est une conquête difficile*. Il n'est jamais acquis définitivement. C'est toute la vie qu'il se construit, à travers bons et mauvais moments. Pour se maintenir et grandir, il a besoin, à tout instant, de concessions mutuelles, de compréhension réciproque et d'obéissance à cette loi si simple, et si difficile pourtant, de l'oubli de soi pour ne penser qu'à l'autre. Il exige parfois, de chacun, de durs combats contre soi-même, contre son égoïsme, ses susceptibilités, son amour propre. Il peut demander l'oubli d'une offense, le pardon d'une infidélité, l'abandon d'une habitude confortable mais gênante pour le conjoint. A ces combats, l'amour gagne en profondeur, en stabilité, en fidélité.

● Dans cette recherche d'une harmonie difficile, peut-être y aura-t-il *des faux-pas*, des reculs ?

Peut-être, fatigués de lutter, à bout de souffle, perturbés par d'autres problèmes de leur vie, des époux, une fois ou l'autre, prendront-ils, pour un temps, une voie plus large, plus facile ? et recourront-ils, par exemple, pendant deux ou trois mois, à l'emploi d'une pilule ou d'un préservatif (1), pour rompre une tension conjugale particulièrement aigüe ?

● L'essentiel, pour les époux, sera de ne pas se décourager, de ne pas s'installer non plus dans la facilité, débilitante à la longue pour l'amour.

Qu'ils s'assoient donc, de temps en temps, pour se demander si leur amour est bien portant, bien vivant, en croissance, et qu'ils ne cessent de s'aimer dans le total respect de la personne l'un de l'autre, dans l'acceptation heureuse de ses différences (2), avec la certitude que ces différences, non seulement peuvent se *dépasser*, mais qu'elles peuvent devenir les piliers de l'unité du couple.

« L'essentiel sera de progresser, de marcher, d'aimer... et l'amour est insatiable. *Il va toujours vers un dépassement de lui-même* (3). »

C'est à la lumière de ces réflexions sur le sens et la valeur de la vie charnelle que nous pouvons vraiment comprendre et résoudre le problème de l'espacement des naissances qui nous occupe.

IL MET EN CAUSE, EN EFFET, *LES GRANDES VALEURS* DU COUPLE :

Son amour.

La vie qu'il peut transmettre.

La personne de chacun des conjoints.

1. Le choix du moyen — celui-ci fût-il utilisé temporairement — n'est peut-être pas indifférent pour des époux qui souhaitent voir grandir leur amour : il y a en effet plus de risque à s'installer dans la facilité avec la pilule, si vite et si machinalement avalée, et peut-être si loin de l'acte d'union, qu'avec un préservatif qui impose tout de même chaque fois une petite gêne et qui ne concerne que l'acte que l'on prend ainsi la responsabilité de rendre infécond. D'autre part, contrairement à la pilule, le préservatif ne modifie en rien le cycle féminin, dont il est toujours possible de repérer les phases féconde et inféconde : durant cette dernière, l'usage du préservatif est parfaitement inutile, rien n'est falsifié entre les époux.

2. Il ne s'agit pas de s'accepter avec ses *défauts*, mais avec ses différences. L'amour humain a besoin de ces différences de nature entre les deux conjoints : ceux-ci sont complémentaires. Par contre il exige qu'on s'aide mutuellement à se libérer des défauts qui font obstacle à l'unité d'amour.

3. A.M. HENRY. *Les difficultés d'aimer*. Cerf. 1969. p. 160

Il s'agit tout à la fois,

De faire vivre et grandir l'amour.
De respecter la vie dès son commencement.
De promouvoir la personne des conjoints dans le respect mutuel.

Les différents moyens proposés aux époux pour assurer le contrôle des naissances ont-ils même valeur à cet égard ?

Question de la plus haute importance.

La *maîtrise* d'eux-mêmes, pratiquée d'un commun accord et acceptée par amour de l'autre, en se servant de la *connaissance* qu'ils ont acquise du cycle féminin et des processus de la génération, semble répondre à ces trois exigences fondamentales.

La science offre par ailleurs, aujourd'hui, tout un ensemble de *techniques contraceptives.* Il est important que des époux, qui se veulent LIBRES dans leurs choix, aient sur ces techniques une connaissance aussi exacte que possible, qui leur permette de porter sur elles un jugement en référence aux valeurs essentielles du couple, dont le respect conditionne le bonheur des conjoints et de leurs enfants au sein de la famille, « SANCTUAIRE DE L'AMOUR ET BERCEAU DE LA VIE (4). »

4. PAUL VI, *Discours aux Foyers des Equipes Notre Dame,* 4 mai 1970.

Chapitre IV

Les autres moyens de contrôle de la fécondité

« Ne vous découragez pas non plus à l'heure des défaillances : notre Dieu est un Père plein de tendresse et de bonté... pour ses enfants à qui il arrive de peiner dans leur marche. »

Paul VI.

(Discours aux Equipes Notre-Dame le 4-5-70)

« L'amour est de l'ordre du mystère et doit être abordé avec l'infini respect dû à la personne humaine. »

Les Evêques français.

(Note pastorale sur l'Encyclique *Humanæ vitæ*)

Nous les étudions dans un chapitre spécial, car LEUR INSPIRATION EST FONDAMENTALEMENT DIFFERENTE de celle d'une régulation des naissances basée sur la connaissance des processus de la génération et la maîtrise de soi dans la vie charnelle.

Celle-ci s'inspire essentiellement D'UN PROFOND RESPECT DE LA PERSONNE HUMAINE, celle de chacun des conjoints, celle de l'enfant né ou à naître : elle ne peut admettre ce qui diminuerait de quelque façon la personne considérée comme une unité vivante, corps spirituel, esprit incarné, à plus forte raison ce qui attenterait à sa vie. Ce respect est lui-même tout imprégné d'amour. Loin de se contenter de cette attitude négative, il va plus loin et cherche à promouvoir au maximum la personne aimée dans tout son être, dans toute sa vie, fût-ce aux dépens de soi-même.

Les moyens que nous étudions maintenant et qui sont généralement qualifiés de « CONTRACEPTIFS », se proposent de permettre aux époux une libre expression de leur amour, tout en empêchant les conséquences éventuelles de fécondation.

PROCÉDÉS QUI EMPÊCHENT LA RENCONTRE DE L'OVULE ET DU SPERMATOZOIDE

Ce sont les seuls qui méritent vraiment le nom de « CONTRACEPTIFS ». Ils n'empêchent *que* la CONCEPTION, c'est-à-dire la rencontre des semences paternelle et maternelle.

LE RAPPORT INTERROMPU ou RETRAIT

Les époux appellent cela « faire attention », « il prend ses précautions ».

• En quoi consiste-t-il ?

C'est l'interruption de l'union sexuelle avant l'éjaculation, cette dernière se faisant, après le retrait de l'homme, en dehors des voies génitales de la femme.

Ainsi, pense-t-on, le sperme ne pénètre pas dans le vagin, à plus forte raison dans l'utérus et les trompes, et la fécondation n'est pas possible. Mais,

• Pourquoi n'a-t-il qu'une efficacité incertaine ?

(il est responsable de 70 % des grossesses non désirées).

— Parce que le sperme peut commencer à sortir des vésicules séminales sous tension sans que l'homme s'en aperçoive tout de suite.

— Parce qu'il peut subsister quelques spermatozoïdes d'une éjaculation précédente dans le canal de l'urètre ou dans les glandes qui s'y déversent. Ils se joignent alors au liquide de lubrification produit avant la pénétration et sont ainsi déposés dans le vagin par le seul fait de cette pénétration.

● A-t-il quelques avantages ?

Oui.

— Il est *facile à réaliser*, ne demandant ni préparatifs, ni matériel.

— Il *exige une certaine maîtrise* de la part du mari et peut être une preuve d'amour ; il est d'ailleurs souvent ressenti comme tel par l'épouse : « oh, vous savez, il se gêne ! ».

● Mais il est bien imparfait.

— D'abord, puisqu'il consiste dans une interruption brutale de l'union, *il ne peut UNIR vraiment* les deux époux qu'il laisse sur une insatisfaction, la femme surtout (tout se déroule trop vite pour elle).

— En raison de ses échecs, il est souvent accompagné d'*une anxiété :* « s'est-il retiré à temps ? » — et, par suite, d'*un manque de confiance* de la femme envers son mari. Cela non plus ne peut unir les époux.

Ce procédé, le plus employé certainement, ressenti par beaucoup comme un procédé « naturel », risque de ne guère favoriser l'épanouissement des époux, mais seulement peut-être le plaisir de l'un aux dépens de l'autre.

Comment ferait-il vivre et grandir l'amour ? *ce ne peut être qu'un pis-aller.*

LA TOILETTE ou DOUCHE VAGINALE

aussitôt après l'union.

● En quoi consiste-t-elle ?

Aussitôt après l'union, la femme pratique un « lavage », à la poire ou au bock, avec de l'eau (additionnée souvent de savon, de vinaigre, de jus de citron ou de quelque autre produit acide) pour vider le vagin du sperme qu'il contient.

• Son efficacité est très réduite,

car les spermatozoïdes ont déjà pénétré dans le col, attirés par la glaire, lorsque la toilette intervient, si rapide que soit la femme. Cette précaution risquerait plutôt de repousser le sperme vers l'utérus !

• Elle ne favorise ni l'union des époux...

puisqu'elle exige d'y mettre fin brusquement,

• ... ni la croissance de leur amour,

l'épouse n'ayant qu'un souci : se débarrasser au plus tôt du germe de vie possible que son mari a déposé en elle.

LES PRÉSERVATIFS

Il en exite de deux sortes, masculin et féminins.

1. Préservatif masculin

ou CONDOM ou « capote anglaise »

• Ce qu'il est.

Une gaine de caoutchouc souple et fin (ou de matière plastique) en forme de doigt de gant, installée par le mari, au cours de la relation, sur la verge en érection.

Il doit être enlevé, avec le sperme qu'il a recueilli, dès que l'éjaculation s'est faite.

• Son efficacité serait assez bonne.

Les échecs sont imputables :

— à un défaut de fabrication du condom — déchirure ;

— à une mise en place trop tardive surtout (si le liquide pré-éjaculatoire contient des spermatozoïdes) ;

— à un retrait trop tardif : lorsque l'érection est tombée, il peut se produire un reflux de sperme entre la verge et le condom.

● Il a quelques avantages :

— Il ne perturbe pas le cycle féminin.

— Il est sans danger.

— C'est le mari qui prend sur lui la gêne de la contraception.

● Il a des inconvénients :

— Il perturbe le déroulement de l'union par les précautions qu'il exige avant et après.

— Il peut être ressenti par les époux, ou par l'un d'eux, comme une BARRIERE QUI LES SEPARE AU SEIN MEME DE LEUR UNION.

— Ne signifierait-il pas au moins RESTRICTION dans le don et l'accueil mutuels, avec le risque de retentir à la longue sur la vérité de leur amour ?

2. Préservatifs féminins

essentiellement deux sortes :

le DIAPHRAGME vaginal,

la CAPE cervicale.

● Ce qu'ils sont.

Le DIAPHRAGME, sorte de coupe en caoutchouc dont le bord est rendu rigide par un fin ressort métallique. Il doit être suffisamment large pour distendre les parois du vagin et tenir en place tout en prenant appui contre l'os du pubis en avant.

La CAPE CERVICALE, plus étroite et plus profonde, qui coiffe le col sur lequel elle se bloque.

● Comment les utiliser ?

L'obturateur est introduit par la femme elle-même dans le vagin, juste en avant du col, *avant chaque union sexuelle*, après avoir été enduit sur les deux faces d'une crème ou gelée spermicide, INDISPENSABLE pour arrêter les spermatozoïdes qui pourraient se faufiler entre les replis du vagin et l'obturateur.

● Des précautions médicales sont nécessaires :

Avant de décider d'utiliser ce procédé, il faut un examen gynécologique complet :

— pour s'assurer que vagin et col ne présentent ni infection, ni lésions ;

— pour vérifier l'absence de contre-indications : il y en a trois fois sur dix ;

— pour prendre les mesures de l'appareil ;

— pour apprendre à placer l'obturateur, à vérifier sa position correcte et à l'enlever.

Des visites de contrôle sont nécessaires par la suite pour vérifier si l'appareil est toujours bien adapté, si la femme le place correctement, s'il est bien supporté.

● Son emploi nécessite toute une préparation au moment psychologique :

— L'appareil doit être mis juste avant l'union, *moins d'une heure* avant, le produit spermicide n'ayant qu'une efficacité limitée ; il faut remettre de la gelée au moment de l'union si celle-ci tarde à se réaliser.

— Cette mise en place, peu élégante, exige que l'utilisatrice ait la possibilité de *s'isoler* (ce qui n'est pas le cas dans tous les logements).

— Il faut garder l'obturateur en place au moins *pendant huit heures*.

— Puis l'enlever, le nettoyer, le désinfecter, le talquer, le ranger.

Toute cette mise en scène, obligatoire, *ne semble guère favoriser la spontanéité* de la rencontre conjugale...

● Conditions d'efficacité

(Celle-ci, quoique bonne, n'est pas à 100 %).

Il faut, *de la part de la femme*, une grande discipline, beaucoup de soins, des préparatifs minutieux, une connaissance exacte de ses organes génitaux pour une mise en place correcte ; accepter ces manipulations intra-vaginales, s'imposer de mettre l'appareil en place chaque soir en prévision d'une union éventuelle...

Ce procédé ne convient pas à la mère de famille dont le vagin a été distendu par de nombreux accouchements et ne saurait par suite retenir valablement l'obturateur.

● Quelques avantages :

L'usage de l'obturateur est à peu près sans danger, il ne perturbe pas le cycle féminin.

● Mais

— La distension vaginale, imposée par la présence du diaphragme, altère quelquefois la qualité physique de l'union.

— Comme les préservatifs masculins, ces obturateurs ne risquent-ils pas de constituer une *BARRIERE ENTRE LES EPOUX*, avec toutes ses conséquences sur leur amour ?

— C'est la femme qui prend en charge la contraception (cela peut la valoriser). Elle se « protège » contre la fécondité permanente de son mari. Cela exigerait, en contre-partie, beaucoup de délicatesse de la part de celui-ci pour ne pas interpréter comme une disponibilité de son épouse ce qui n'est souvent qu'une sauvegarde.

GELÉES ET CRÈMES SPERMICIDES

ou autres produits : aérosols, tablettes moussantes... ayant pour but de **détruire le sperme**.

Ces produits doivent être disposés dans le vagin moins d'une heure avant l'union (certains disent moins de dix minutes).

Aucun n'est efficace seul.

Ils sont employés généralement pour augmenter l'efficacité des préservatifs masculin et féminins.

ALTÉRATION DE LA GLAIRE CERVICALE

Certaines « pilules », renfermant de très faibles doses d'hormones (mini-pilules), devaient avoir pour seule action de modifier la glaire cervicale en l'épaississant : celle-ci aurait alors constitué dans le col un OBTURATEUR quasi naturel s'opposant à la pénétration des spermatozoïdes.

En fait, l'action de la « mini-pilule » s'est révélée être surtout **anti-nidatoire**, par altération du corps jaune.

D'autre part, la crainte que ces hormones ne favorisent *l'éclosion de tumeurs mammaires* (après l'expérimentation américaine sur des chiennes) *les a fait récemment retirer du commerce.*

D'ailleurs d'autres risques existent, comme celui de *grossesses extra-utérines* (c'est-à-dire se développant dans la trompe) *plus fréquentes.*

PROCÉDÉS QUI EMPÊCHENT LA MATURATION DE L'OVULE :

LA PILULE

• Ce qu'elle est

Un médicament, à base d'hormones, qui empêche l'ovulation de se faire : si l'ovaire ne laisse plus sortir d'ovules, la femme ne pourra plus être fécondée.

C'est la constatation que la progestérone du corps jaune empêchait toute autre ovulation de se produire dans la deuxième partie du cycle, qui a donné l'idée d'utiliser une hormone analogue pour empêcher toute ovulation chez la femme qui ne désire pas d'enfant.

Cette hormone, administrée sous forme de pilule, doit être prise généralement du cinquième au vingt-cinquième jours du cycle.

• Mode d'action

En fait, la pilule étant constituée d'hormones génitales, va agir sur tous les organes qui habituellement sont influencés par les hormones génitales de la femme :

— *sur l'ovaire :* blocage de l'ovulation pendant tout le cycle ;

— *sur la muqueuse utérine :* elle est modifiée, beaucoup moins développée qu'au cours d'un cycle normal, aussi est-elle impropre à la nidation d'un œuf fécondé. Les règles sont généralement peu abondantes et n'ont de règles que le nom ;

— *sur la glaire cervicale :* elle est épaissie et devient impénétrable aux spermatozoïdes ;

— *sur les hormones :* la pilule ne bloque pas la seule ovulation. Elle bloque en même temps la croissance et l'évolution des follicules et la formation du corps jaune.

Elle tarit donc par le fait même la sécrétion de folliculine et de progestérone. L'apport artificiel qui en est fait par la pilule ne suffit pas à rétablir l'équilibre hormonal tel qu'il existe normalement chez la femme.

● Si l'on considère les trois premiers effets de la pilule :

— *sur l'ovaire :* blocage de l'ovulation,

— *sur la muqueuse utérine :* modifications la rendant impropre à la nidation d'un œuf fécondé,

— *sur la glaire cervicale :* épaississement la rendant impénétrable par les spermatozoïdes,

l'on comprend l'efficacité remarquable de cette drogue pour empêcher toute grossesse de se produire :

— *il n'y a pas d'ovule,*

— *les spermatozoïdes ne peuvent pénétrer* dans l'utérus,

— et, si jamais un ovule arrivait à mûrir et des spermatozoïdes à pénétrer pour le féconder, *l'œuf ne trouverait pas de terrain favorable pour se développer.* (Remarquons que, dans ce cas, la pilule n'agirait pas en tant que contraceptif empêchant la conception, mais comme anti-nidatoire, réalisant ce qu'il faut bien avouer être un avortement, puisque par là on empêcherait de vivre un enfant déjà conçu).

● Une ordonnance médicale est nécessaire

pour obtenir des pilules en pharmacie, car le médecin ne peut les prescrire sans *s'assurer qu'il n'y a pas de contre-indications* (et il en existe de très graves.)

● Des visites médicales de contrôle s'imposent

pour en surveiller les effets secondaires.

● Un risque grave,

peut-être pas exceptionnel, est cependant trop rarement signalé : c'est celui d'une *stérilité définitive* après usage prolongé de la pilule.

En effet, sous l'influence de ce traitement, l'ovaire diminue rapidement de volume et prend l'aspect d'ovaire de femme ménopausée. Sa structure même peut être modifiée et parfois de façon définitive, rendant toute ovulation impossible, même après l'arrêt du médicament. De fait, certaines femmes voient leurs règles supprimées par la pilule, non seulement en cours de traitement, mais encore pendant de longs mois ensuite ; d'autres doivent attendre des mois avant de voir une ovulation se produire ; certaines femmes ont une grande difficulté à mettre en route une grossesse après l'arrêt de la pilule. Aussi ne peut-on manquer d'être *inquiet* à l'idée que DES JEUNES FILLES NON LOIN DE LEUR PUBERTE puissent user de tels produits, avec le risque, si minime soit-il, de stérilité pour plus tard ; la même inquiétude concerne LES JEUNES FEMMES QUI, DES LE DEBUT DU MARIAGE, ne voulant pas d'enfant trop vite, recourent à la pilule parfois pendant plusieurs années.

Les foyers sans enfant sont pourtant infiniment plus malheureux que ceux dont on dit qu'ils en ont « trop ».

● *L'hormone ainsi administrée à la femme,* à contre temps de son rythme normal, *est une hormone puissante.* Ses effets à long terme, chez la femme elle-même, sont encore inconnus.

● On pourrait craindre *des malformations sexuelles* chez les bébés dont la mère, après un ou deux oublis, a poursuivi la prise de pilule en début de grossesse, ne se sachant pas enceinte (1).

● *Certains généticiens expriment leur inquiétude* devant le risque, qu'on ne peut exclure absolument en l'état actuel de nos connaissances, d'une altération, par la pilule, des ovules stockés dans les ovaires avec retentissement, par conséquent, *sur les enfants à venir ou sur les générations à venir* (1).

1. Il s'agit donc là de risques pris par la mère, non plus pour elle-même, mais pour les enfants qui, malgré ses précautions, pourraient éventuellement être appelés à la vie. A-t-on le droit de prendre des risques pour les autres ?

● L'efficacité de la pilule anti-bébé est remarquable *dans la mesure où elle n'est jamais oubliée...* Il est vrai que les laboratoires qui la fabriquent la présentent dans des boîtes-calendriers qui ne devraient permettre aucun oubli ! (1)

La pilule est donc efficace, mais la femme peut avoir l'impression d'être un peu A LA DISPOSITION DE SON MARI.

Le plaisir, facile, peut donner l'illusion d'un grand amour. Mais l'amour, le vrai, qui se nourrit du don et de l'oubli de soi-même, que devient-il ?

Que devient *le respect de la femme,* lorsqu'il est si facile de la « prendre » à tout moment et, qui plus est, en lui faisant peut-être courir des risques pour sa santé ?

Que devient *le respect de la vie,* si l'on n'hésite pas à l'employer alors qu'elle risque d'agir — pour certaines marques tout au moins — en empêchant un enfant déjà vivant de se nider, donc de vivre ?

Certaines femmes, sentant tout cela plus ou moins consciemment, prennent peu à peu en dégoût cette union falsifiée dans sa signification totale, et deviennent gravement *frigides.*

● **Dans l'avenir,**

la science nous proposera peut-être, pour que ce soit encore plus facile,

— *Une pilule mensuelle :* une seule pilule, et l'on serait tranquille pour tout un mois ! Un rêve ! A moins que ne surgisse soudain l'angoisse d'une efficacité suspecte...

— *La pilule « du lendemain » :* ce ne sera plus nécessaire de s'imposer une pilule tous les soirs pour rendre infécondes quatre ou cinq unions en période fertile. Il suffira d'en prendre une quelques heures après une relation qui risquerait d'être féconde.

Oui, mais... ce sera une pilule anti-nidatoire. Une vie déjà née serait supprimée ?

— Et, pour celles qui préfèrent les piqûres, *une injection tous les trois mois.*

Mais tout ceci n'est pas encore au point.

1. Il importe ici de faire remarquer que l'efficacité du test thermique, correctement établi et utilisé, est du même ordre que celle de la pilule.

PROCÉDÉS QUI EMPÊCHENT LA NIDATION DE L'ŒUF

Nous avons cité déjà la pilule, peut-être (?) dans certains cas, et, si elle est un jour réalisée, la pilule « du lendemain ».
Mais le procédé le plus utilisé est le stérilet.

LE STÉRILET

• Ce qu'il est

Un petit objet en plastique, en forme de spirale ou de boucle, le plus souvent, que l'on place à l'intérieur de l'utérus où il reste en permanence. Il se termine souvent par un fil de nylon qui passe à travers le col de l'utérus, permettant ainsi à la femme de vérifier, en mettant le doigt dans le vagin, si le stérilet est bien toujours en place (il risque en effet d'être rejeté à l'insu même du sujet par l'utérus qui n'accepte pas sa présence).

Avant la pose, il est enfermé dans un tube assez étroit où il est comprimé. Le tube peut pénétrer dans le col de l'utérus assez facilement, puis, avec un piston, le médecin pousse le stérilet dans l'utérus ; là, libéré, il se détend comme un ressort et reprend sa forme initiale.

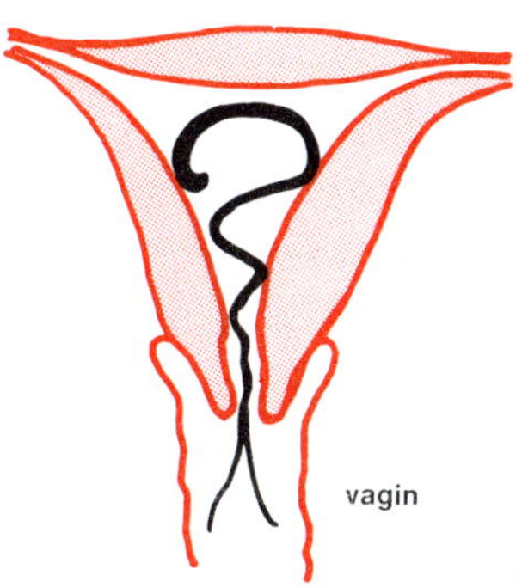

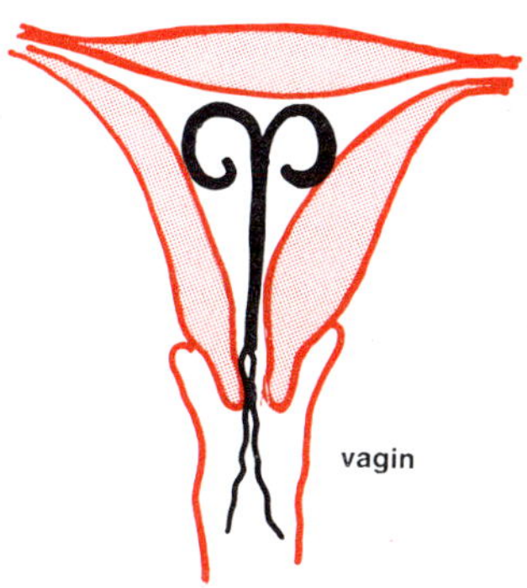

Mode d'action.

Il a été longtemps discuté. A l'heure actuelle on admet comme mécanisme le plus probable LA MODIFICATION IMPORTANTE DE LA MUQUEUSE UTERINE entraînée par la présence de l'appareil dans l'utérus et rendant cette *muqueuse IMPROPRE A LA NIDATION.*

La muqueuse, irritée par la présence du stérilet, ne prolifère plus, elle prend un aspect lisse et vernissé, les vaisseaux sanguins, qui viennent lui apporter le sang nécessaire à son développement normal, sont en grand nombre bouchés par de minuscules caillots de sang.

Lorsque l'œuf, fécondé quelques jours plus tôt, arrive dans l'utérus pour s'enraciner dans la muqueuse, il ne la trouve pas prête à l'accueillir, il ne peut s'y installer, il est donc condamné à mourir.

UN ENFANT QUI COMMENÇAIT A VIVRE ET A SE DEVELOPPER EST CONTRAINT DE MOURIR = IL Y A AVORTEMENT, CE QUI EST LA SUPPRESSION D'UNE PERSONNE HUMAINE.

Le stérilet,

lorsqu'il n'est pas expulsé, *est donc généralement efficace* pour empêcher qu'un enfant vienne au monde. Parfois cependant. dans 5 à 7 % des cas, il ne réussit pas à empêcher l'implantation d'un œuf dans l'utérus et une grossesse commence. Mais l'œuvre de destruction qu'il n'avait pu faire, le stérilet l'accomplit un peu plus tard, car environ 40 % de ces grossesses ne peuvent se développer plus de trois ou quatre mois. Les autres peuvent arriver jusqu'à terme et l'on retrouve le stérilet dans le placenta ou dans les membranes.

● La pose d'un stérilet nécessite au préalable un examen gynécologique complet :

— Pour s'assurer que les organes génitaux sont en bon état (la moindre infection doit être soignée).

— Pour vérifier qu'il n'y a pas de *contre-indication.*

● Le stérilet une fois posé, des contrôles fréquents sont nécessaires,

— Pour s'assurer que le stérilet n'a pas été *expulsé* de l'utérus, ce qui arrive dans 10 à 20 % des cas.

— Pour s'assurer que le stérilet est bien *toléré,* au bout de quelques mois.

— Un an après, pour s'assurer de l'absence d'*effets regrettables* (cancer par exemple).

Dès que le moindre trouble apparaît, contractions utérines, saignement anormal, sérosité d'odeur fétide..., *il faut prévenir le médecin sans tarder.*

Toutes ces précautions, indispensables, montrent que LA POSE D'UN STERILET N'EST PAS UN ACTE MEDICAL SANS DANGER.

● La présence d'un stérilet dans son utérus expose la femme à des risques :

— d'hémorragies,

— de perforation utérine,

— d'infection génitale surtout, parfois très grave,

— de stérilité définitive, par suite des profondes modifications subies par la muqueuse utérine et également par la glaire du col,

— de cancer, la présence permanente de ce corps étranger dans l'utérus étant, pour la muqueuse, une cause d'irritation chronique.

● **Il est bien rare que le couple, ou la femme,**

à qui est proposé ce moyen contraceptif,

soit informé exactement

— *de son mode d'action,*

— *de ses risques et des symptômes à surveiller* pour y remédier le plus rapidement possible,

— *du risque de stérilité prolongée,* parfois définitive, une fois le stérilet enlevé.

Ce couple n'est donc pas traité en adulte responsable de sa décision puisque, ignorant, il n'est pas libre de son choix.

Or c'est l'appareil imposé, sur une grande échelle, aux populations du Tiers-Monde par les nations nanties soi-disant civilisées, qui pratiquent ainsi un art vétérinaire sans respect pour l'homme. (Mais il faut savoir qu'à l'heure actuelle, dans beaucoup de ces pays, l' « opération-stérilet » est un échec : les femmes, effrayées par les accidents survenus dans leur entourage, se refusent de plus en plus à être « appareillées ».)

Ce procédé favorise *l'irresponsabilité du couple.* En effet, une fois l'appareil mis en place, les époux n'ont plus à se poser la question du *SENS* qu'ils entendent donner à chacune de leurs unions.

PROCÉDÉS IRRÉVERSIBLES : LA STÉRILISATION DÉFINITIVE

Par « stérilisation » on entend la suppression définitive des fonctions de reproduction.

C'est en général par la LIGATURE DES TROMPES ou mieux par leur SECTION, que l'on obtient ce résultat *chez la femme.*

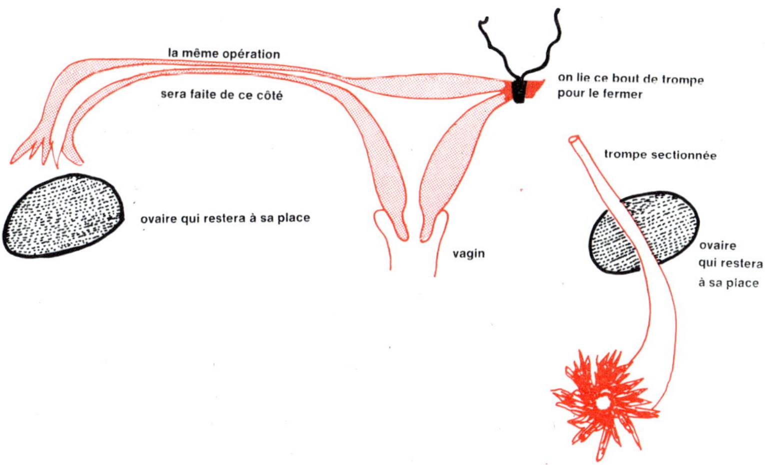

Dans les pays d'Asie, on pratique de préférence la LIGATURE ou SECTION DES CANAUX DEFERENTS *chez l'homme.* Cette opération est en effet beaucoup plus simple à réaliser que l'opération similaire chez la femme et en Inde, par exemple, on la pratique sur une vaste échelle.

Peu importe, d'ailleurs, que l'on s'adresse à l'homme ou à la femme, dans les deux cas il s'agit d'une MUTILATION DEFI-

NITIVE (2) de l'un des conjoints, à qui est ôtée à tout jamais la possibilité d'être encore père ou mère.

Dans quelle mesure celui qui aime véritablement peut-il accepter cet *amoindrissement* de son conjoint ? L'amour ne veut-il pas toujours le plus grand bien de l'autre ? Et qui peut prévoir l'avenir ? Un accident, un cataclysme, une épidémie... peut enlever brutalement les enfants que l'on avait en suffisance. On voudrait alors repeupler le foyer resté désert, on n'en a plus le pouvoir.

Le conjoint peut disparaître ; un nouveau foyer peut se constituer ; on voudrait consacrer cet amour par un enfant, mais on est incapable de donner cette joie à celui ou celle qui est venu joindre sa vie à la nôtre.

Des dépressions graves et durables n'ont pas d'autre origine que le sentiment profond de n'être plus un homme ou une femme complet et cela, pour toujours, et par sa faute.

2. Quoi qu'en disent certains, cette opération est *pratiquement*, sinon théoriquement, *irréversible*.

Un choix

Au point où nous en sommes, à CHAQUE COUPLE de S'INTERROGER.

Il a, bien à lui, *une richesse* incomparable, source de joies profondes mais aussi de lourdes responsabilités : sa FECONDITE.

Il est en son pouvoir d'en *CONNAITRE* les mécanismes et de les *MAITRISER* dans le respect et l'amour mutuels, afin de ne pas les laisser déborder ses forces humaines.

Par ailleurs, on lui propose *des recettes* plus faciles, appareils ou drogues, pour juguler à son gré cette fécondité, dans la mesure où elle le gêne, et lui faire oublier que l'amour est lié au don de la vie.

Que choisir ?

Mais de quel choix s'agit-il ?

- D'un choix *entre divers MOYENS*, qui tous comportent des avantages et des inconvénients ?

Il conviendrait alors de découvrir celui qui serait à la fois le moins dangereux et le plus efficace pour une vie sexuelle sans contrainte.

- Ou d'un choix *entre deux MODES DE VIE*, deux conceptions différentes de la vie conjugale et de son expression charnelle ?

Et alors, d'adopter celui qui sauvegardera le mieux les VALEURS qui semblent, au couple, ESSENTIELLES (3) pour sa vie et son bonheur :

— son AMOUR, qui doit vivre et grandir,

— la VIE, qu'il peut transmettre et qu'il veut respecter,

— la PERSONNE de chacun des conjoints, dans l'intégrité de son être et le plein épanouissement de ses fonctions.

3. C'est la préoccupation de sauvegarder ces valeurs essentielles qui est au cœur de l'enseignement de l'Eglise catholique sur l'Amour et le Mariage et qui explique ses prises de position à propos de la contraception. On retrouve son enseignement dans des documents et livres directement consacrés à ces questions.

L'AVORTEMENT

Certains voudraient placer L'AVORTEMENT parmi les moyens de contrôle des naissances.

Drogues et appareils n'étant pas efficaces à 100 %, du moment qu'on a reconnu au couple le droit de contrôler sa fécondité, il faudrait bien pouvoir lui offrir l'AVORTEMENT, en cas d'échec de la contraception. C'est du moins la pensée de ceux qui préconisent l'avortement comme solution LEGALE à un certain nombre de problèmes insolubles.

Oui, mais

tandis que la CONTRACEPTION détourne une vie POSSIBLE d'exister, l'AVORTEMENT met fin à une vie humaine DEJA COMMENCEE.

On a, certes, *de bonnes raisons* de vouloir supprimer *les risques* qu'apporte avec elle cette vie naissante :

- C'est *la mère de famille qui risque sa vie* du fait de sa grossesse.
- C'est *l'enfant anormal qui risque de naître*, qui ne jouira que d'une vie inférieure et sera, pour sa famille et pour la société, un élément de perturbation.
- C'est *la jeune fille violée, ou trop jeune*, pour qui cet enfant risque d'être un obstacle à son épanouissement, à la réalisation de sa vie personnelle.
- C'est *la famille déjà trop nombreuse*, qui risque de connaître des conditions de vie de plus en plus précaires.
- C'est tout simplement *la mère qui risque de ne pouvoir se faire à l'idée* d'une nouvelle grossesse.

Oui, mais...

● Qui peut dire avec certitude

que la mère est en danger de mort à cause de son enfant ?

Tant de mères, qui ont refusé l'avortement, sont bien vivantes pour nous répondre :

— cette maman cardiaque, qui a maintenant 70 ans, alors que son mari est mort depuis longtemps. Elle a eu quatre enfants. Lors de son mariage, le médecin lui avait dit : « avec le cœur que vous avez, surtout pas de grossesse. »

Et leurs enfants crient leur reconnaissance :

— « si j'existe, ainsi que mes deux frères, c'est parce que maman a eu le courage, à trois reprises, de refuser l'avortement auquel un médecin lui faisait un devoir de recourir à cause de sa santé. Et nous sommes tous trois si heureux de vivre. »

● Qui donc « pourrait juger avec certitude

laquelle de ces deux vies — celle de la mère, celle de l'enfant — est en réalité la plus précieuse ? Qui pourrait savoir quel chemin suivra cet enfant ? A quelle hauteur pourront s'élever ses œuvres et sa perfection ? » Pie XII.

● Est-il si facile de dire

que la vie d'un anormal ne vaut pas la peine d'être vécue ?

— « je suis peut-être plus que beaucoup d'autres heureuse de vivre », écrit Denise Legrix, auteur de « Née comme ça ».

● Est-il si facile de dire

si la naissance d'un anormal perturbe la famille dans laquelle il arrive ou est, au contraire, pour ses parents, une occasion formidable de dépassement ?

— les premières voix qui se sont élevées contre la proposition de loi sur l'élargissement de l'avortement dit « thérapeutique », sont celles des parents de handicapés. « Si nous ne les avions pas, ces enfants, nous ne serions pas ce que nous sommes ; nous avons tant reçu par eux. »

● **Est-il si sûr**

que la société n'ait rien à recevoir des anormaux qu'elle essaie d'éduquer ou simplement de faire vivre ? Ne sont-ils pas le rappel de la nécessaire gratuité de certains gestes ? de la valeur sacrée de la personne humaine, fût-elle non « rentable » ?

● **Est-on sûr,**

même, que cet enfant naîtra anormal ?

— telle mère a fait une rubéole incontestable alors qu'elle se croyait enceinte de six semaines. A cet âge, l'atteinte de l'embryon est immanquable... Son médecin, inquiet, l'envoie consulter des spécialistes. Ils sont formels : « l'enfant sera anormal, il ne faut pas le garder, partez en Suisse ou en tout autre pays où l'avortement est légalement pratiqué... on vous fera cela très bien. » — Les futurs parents se refusent à ce meurtre. La grossesse est vécue dans une douloureuse angoisse... A huit mois l'accouchement se déclenche. En fait, l'enfant est à terme... et parfaitement normal. La joie des parents ne peut se dire. A dix semaines de grossesse le risque malformatif par rubéole était évidemment beaucoup plus faible qu'à six semaines... mais on était « sûr » d'être à six semaines...

— chez une mère ayant eu déjà un enfant anormal, il avait été possible, par un examen pratiqué en début de grossesse, de prévoir que l'enfant attendu était atteint, lui aussi, de cette tare héréditaire. La mère cependant refusa l'avortement. Il naquit deux jumeaux : l'enfant anormal avait succombé, l'autre était parfaitement normal... (4)

4. Certains pourraient objecter : « Sans doute, il y a des cas heureux de ce genre, et vous les montez en épingle, alors qu'ils sont très exceptionnels ! »
Il serait facile de répondre : « Mais si l'on se fait une règle de supprimer un fœtus lorsqu'il y a 30 % de probabilité qu'il soit anormal, n'est-ce pas impliquer qu'on accepte avec certitude de supprimer 70 % de fœtus qui seraient normaux ? Et même arriverait-on à la proportion inouïe de 50 % d'anormalité probable, en appliquant la même règle de l'indication de l'avortement dans tous ces cas, ne serait-ce pas accepter d'emblée de ravir les chances d'exister à un enfant normal sur deux ? »

• Qu'est-ce qu'une vie « normale » ?

— est-ce une vie confortable ?

— est-ce une vie sans difficultés ni renoncements ?

• Si, comme certains voudraient le faire admettre,

il suffit que la grossesse constitue une menace pour la santé mentale de la mère pour justifier son interruption, alors il n'est plus possible de refuser un seul avortement. « La seule pensée d'être encore enceinte me rend folle. » Cette petite phrase suffirait-elle pour ouvrir un droit à l'avortement légal ?

• Mais quelle signification attacher

à la réaction première d'une mère affolée par une nouvelle grossesse ? Est-ce l'expression vraie de son être profond ?

Le docteur Traissac de Bordeaux rapporte le cas d'une toute jeune femme venue lui demander de la faire avorter. « Humainement parlant, cette femme avait toutes les raisons nécessaires et suffisantes pour en arriver à pareille extrémité : misère, déjà six enfants, habitat misérable, mari impossible. Vraiment, cette nouvelle grossesse était une catastrophe... Je crois bien que j'ai entendu ce jour-là le maximum de raisons valables pour justifier un avortement... et Dieu sait pourtant si j'en ai entendu dans ma vie... Elle menaçait de se livrer, si je refusais de l' « aider », à toutes les folies, y compris le suicide... Doucement, très doucement, j'entrepris de la consoler. Je ne sais plus ce que je lui dis... : l'amour de ses enfants, le fait qu'elle ne concevait pas, heureusement ! de tuer un de ses enfants en rentrant chez elle parce qu'elle le voyait, alors que l'autre, elle allait le tuer, parce qu'elle ne le voyait pas ; le fait que l'avortement restait un crime... A toutes mes paroles, aussi calmes, aussi compréhensives... aussi attentives que cela m'était possible, répondit, en fin de compte, une explosion de colère. Je fus traité de saligaud, d'hypocrite. Elle me jeta à la figure que, si elle avait été riche et si elle avait pu payer cher, je n'aurais pas tant discuté, que je serai responsable de ce qui allait arriver... etc.

Elle partit en claquant la porte... en hurlant dans le couloir tout ce qu'elle pensait de moi...

Or, deux ans plus tard, je vis revenir dans mon cabinet une femme tenant par la main un bébé splendide et gazouillant.

« Docteur, vous ne vous souvenez pas de moi ?

— Oh ! Madame, votre figure ne m'est pas inconnue... mais, vous savez, je vois tant de monde.

— Pourtant, Docteur, vous devriez vous souvenir de l'engueulade, sauf votre respect, que je vous ai assénée, il y a deux ans, quand je suis venue vous demander de me faire avorter. »

Alors, brusquement, je me souvins...

« Et alors, que s'est-il passé ?

A ce moment-là, avec un geste et ce regard unique qu'ont les mamans pour leur petit, elle me montra son beau bébé...

« La suite, Docteur ? la voilà. »

Comme je la félicitais, très ému,... elle me posa la question suivante :

« Savez-vous, Docteur, pourquoi j'étais venue vous voir, il y a deux ans ? »

Et comme je m'étonnais... un peu de cette question bizarre dont la réponse semblait évidente, puisqu'elle m'avait demandé de façon fort explicite et si tonitruante l'avortement, elle me répondit :

« Docteur, j'ai bien réfléchi depuis cette mémorable consultation et je vous prie de bien vouloir excuser toutes les insultes dont je vous ai abreuvé. En réalité, j'étais venue, je m'en suis aperçue plus tard, POUR QUE VOUS ME DISIEZ NON. »

J'avoue que j'en suis resté baba. O mystère de l'âme féminine. »

Cette mère, tout en formulant l'affreuse requête que les circonstances dramatiques de ce début de grossesse semblaient, du dehors, lui imposer, gardait tout au fond d'elle-même, enraciné dans son inconscient, l'amour de ce fils de ses entrailles, la certitude du caractère sacré de la vie qui, déjà, palpitait en elle.

Peut-être résonnait-il à la pointe de son âme, ce verset de la Bible où Dieu nous dit que sa pensée et son Amour précédent l'homme dans l'existence

" Avant que tu fusses formé au ventre de ta mère, je t'ai connu. "

Jérémie 1

Le généticien, qui découvre dans l'œuf fécondé toute le projet détaillé de l'enfant de demain, rejoint cette conception biblique : cette organisation merveilleuse de l'œuf n'est-elle pas le signe qu'un rêve de Dieu est là, un rêve que l'homme ne se sent pas le droit de faire avorter ?

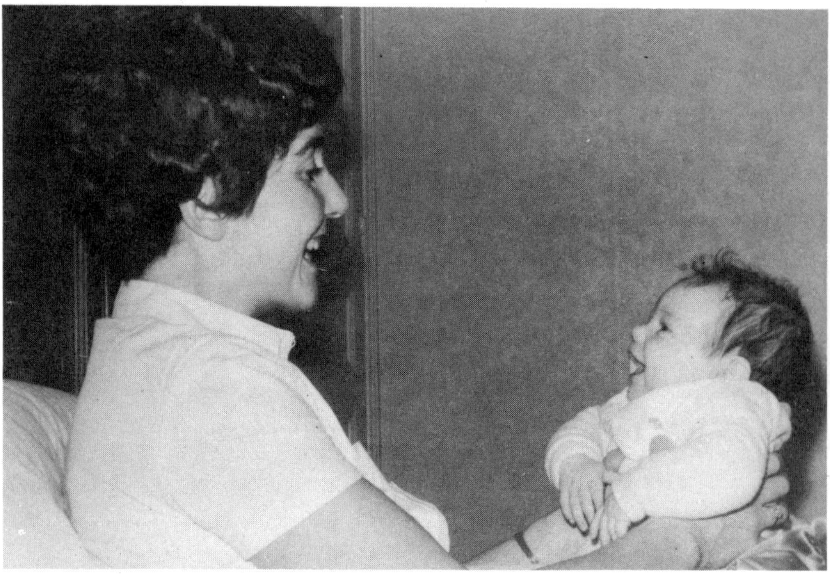

Chapitre V

Après une naissance
ou
le post-partum

« La mère ne se réjouit pas seulement, oubliant son travail, « d'avoir mis un homme au monde »..., elle crie de joie, parce que cet homme neuf est une personne unique, image indissociée du père et d'elle-même, en qui se résume, sous une forme neuve, la double pyramide des ancêtres maternels et paternels. La mère est l'être qui prépare, dans sa chair même, la personne humaine vouée à l'éternité. »

Jean Guitton.

« Collaborateurs libres et responsables du Créateur,
devenus père et mère,
les époux chrétiens découvrent avec émerveillement
en leur enfant devenu enfant de Dieu,
... une infinité de mystère et d'amour,
qui nous éblouirait si nous le voyions face à face. »

Paul VI.

(Discours aux Equipes Notre-Dame).
4 mai 1970

Un enfant vient de naître.

Pendant neuf mois, toute l'activité cyclique de sa mère avait été suspendue parce que, enfin, l'œuvre de vie vers laquelle, inlassablement, elle tendait chaque mois, avait réussi ; dès lors toute la vitalité de la mère s'était tournée vers l'édification de son chef-d'œuvre : L'ENFANT.

Il est là maintenant.

Sa mère va-t-elle, aussitôt, se tendre à nouveau vers la création d'une autre vie ?

Non, pas aussitôt.

Il y a un temps de repos nécessaire, *une « convalescence »* indispensable après l'énorme travail fourni par l'organisme maternel :

— l'utérus reprend peu à peu ses dimensions normales ;

— sa muqueuse se cicatrise, se régénère ;

— les ovaires sortent lentement de leur sommeil...

Combien de temps cela va-t-il durer ?

Et quand donc la femme retrouvera-t-elle sa fécondité cyclique ?

D'ici là ne se trouve-t-elle pas dans une phase un peu anarchique, désordonnée, avec le risque perpétuel d'ovulations inopinées, et donc de fécondation ?

Il est important de pouvoir répondre à ces questions, afin de mettre un peu de lumière dans la vie conjugale des époux qui viennent de mettre au monde un enfant et qui, très légitimement, ne souhaiteraient pas lui donner trop vite un petit frère ou une petite sœur.

Leur modeste expérience avait fait pressentir aux Petites Sœurs des Maternités Catholiques que la Courbe Thermique, contrairement à ce qu'on disait généralement, était parfaitement valable pour éclairer ces difficiles semaines du post-partum.

La préparation d'une thèse de doctorat en Médecine fut l'occasion, pour l'une des Petites Sœurs, d'étudier le problème de plus près et de façon scientifique.

Ce sont donc les conclusions de ce travail, fait avec la collaboration de 750 mamans (1) venant de mettre au monde un bébé, qui sont données maintenant.

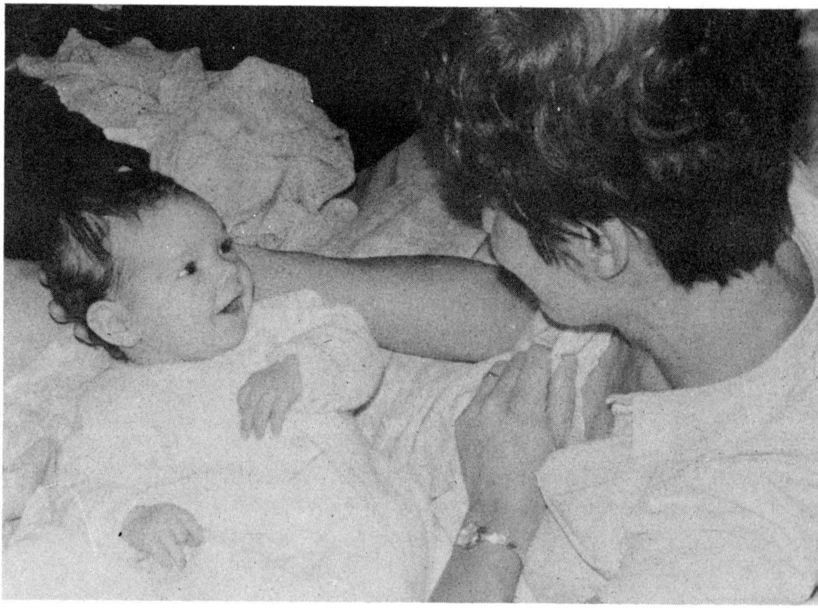

1. Outre les Foyers rencontrés dans les Maternités Catholiques, nous tenons à remercier les quelques 200 Foyers affiliés au C.L.E.R. dont les courbes thermiques nous ont été communiquées grâce à l'obligeance du Docteur et de Madame Rendu.

☐ *C'est l'hypophyse qui donne le départ*

LA PREMIERE CERTITUDE qui ressort de cette étude, c'est que LES CHOSES NE REPRENNENT PAS N'IMPORTE COMMENT, de façon anarchique, une fois la grossesse terminée. Car l'HYPOPHYSE, le chef d'orchestre, EST A SON POSTE. C'est elle, nous le savons, qui commande le cycle ovarien.

Or, dès l'accouchement, cette petite glande voit son activité se tourner vers un nouvel objectif : *LA MISE EN ROUTE DE LA FONCTION LACTEE*. Avec l'édification et la mise au monde de l'enfant, l'organisme maternel, en effet, n'a pas fini sa tâche ; il doit encore assurer sa première croissance par l'allaitement. Aussi, dès les premiers jours, l'hypophyse, par une nouvelle stimuline, la prolactine, déclenche-t-elle la sécrétion lactée.

● Alors, SI LA MAMAN NOURRIT

effectivement son bébé, toute l'activité hypophysaire est, pour ainsi dire, mobilisée par l'allaitement ; les ovaires demeurent donc au repos tant que cet allaitement est suffisant pour assurer la croissance normale de l'enfant.

Mais, DES QUE LE LAIT DIMINUE, à plus forte raison S'IL SE TARIT, l'activité hypophysaire, qui n'est plus suffisamment occupée par la fonction d'allaitement, peut se tourner à nouveau vers l'ovaire et le réveiller de son sommeil : on remarque, en effet, que SOUVENT, LA PREMIERE OVULATION SURVIENT AU MOMENT DU SEVRAGE.

● SI LA MAMAN NE NOURRIT PAS,

les choses se passent différemment : quelle que soit la raison de cette absence d'allaitement maternel, l'hypophyse, n'ayant rien à faire, se met au repos : en effet, de toutes façons, la mère a besoin d'un temps de repos, de convalescence.

Quand cette convalescence est achevée, l'hypophyse reprend son poste et donne le départ à l'ovaire, plus ou moins tôt selon l'état général de la mère, la disponibilité de l'ovaire ou la vigueur de l'hypophyse elle-même.

En général, quand la mère ne nourrit pas, ce départ est donné six ou sept semaines après l'accouchement ; mais il peut se faire un peu plus tard, vers dix semaines, sans qu'il y ait, pour autant, d'anomalies. Au-delà, le secours du médecin sera nécessaire pour sortir l'hypophyse de sa torpeur.

Un retard de démarrage peut, de même, se voir chez les mamans qui nourrissent ; chez elles aussi le recours au médecin sera justifié si le retour de couches n'est pas fait six semaines après le sevrage.

A l'opposé, il peut arriver que des mères, tout en nourrissant abondamment leur enfant, voient leurs règles reprendre bien avant le sevrage. Il semble, malgré tout, que ce soit rare. Cela se voit plus fréquemment chez les mères qui ont déjà, quelque peu, DIMINUE l'allaitement.

Ces exceptions s'expliquent, dans notre vie moderne si agitée où des excitations perpétuelles frappent notre cerveau. L'hypophyse en subit le contre-coup : surabondamment stimulée, il n'est pas étonnant qu'elle réveille parfois les ovaires plus tôt qu'elle ne le devrait.

Quoi qu'il en soit, ce sont ces avances ou ces retards imprévisibles du nouveau départ ovarien qui font la difficulté du post-partum.

Mais finalement cette difficulté n'est-elle pas, à un degré moindre, celle de chaque cycle ?

Car enfin, qui peut prévoir exactement la survenue de toute ovulation ?

Ici, bien sûr, la phase d'incertitude, d'attente, est plus longue. Mais c'est bien le même problème :

Il s'agit d'attendre patiemment la première ovulation et de la dépister dès qu'elle surgira, afin de reconnaître la phase inféconde qui la suivra.

Dans ce but, pourquoi ne pas *utiliser le TEST D'OVULATION* qui rend un tel service au cours du cycle féminin ?

C'est pourquoi, vous avez intérêt à *COMMENCER LE TRACE DE VOTRE COURBE THERMIQUE DES LA TROISIEME SEMAINE* qui suit l'accouchement. (Si vous nourrissez, il vous suffira de commencer à la cinquième semaine.)

Pourquoi pas plus tôt ?

Parce que, durant les premières semaines, vous n'avez pas besoin de votre courbe pour être assurés de l'existence d'une première période de stérilité.

□ *Une première période de stérilité certaine durant les premières semaines qui suivent l'accouchement.*

Cette stérilité certaine tient :

- d'une part à ce que LES OVAIRES, ENCORE AU REPOS, NE PEUVENT FAIRE MURIR AUCUN OVULE ;

- d'autre part à ce que LA MUQUEUSE UTERINE N'EST PAS ENCORE EN ETAT D'ACCUEILLIR UN ŒUF FECONDE : elle met un certain temps à se régénérer après l'accouchement.

et ceci est vrai indépendamment de la courbe thermique.

La DUREE (quelques semaines à partir de l'accouchement) de cette phase de stérilité vous sera indiquée plus loin, selon le mode d'allaitement que vous pratiquerez.

Certains trouveront peut-être inconcevable que l'on puisse conseiller des relations conjugales dès ce moment.

Dans beaucoup de familles, il est de tradition de s'en abstenir jusqu'au retour de couches ou, au moins, pendant six semaines. Cette coutume dénote une grande délicatesse et beaucoup de respect pour la mère qui, en effet, a grand besoin de repos après l'immense effort de la grossesse et de l'accouchement.

D'autres époux ont hâte de pouvoir se témoigner leur reconnaissance pour la joie merveilleuse qu'ils viennent de se donner l'un à l'autre : être père, être mère, l'un par l'autre.

A chaque couple d'agir selon ce que lui dictera son amour.

Peut-être vaut-il mieux, en définitive, user en toute sérénité de la possibilité offerte, par exemple à la fin de la troisième semaine (ce qui réserve tout de même un peu de repos à la jeune mère), que de n'être pas capables — qui sait ? — ensuite, d'attendre une nouvelle période de stérilité certaine, qui risque de tarder au-delà de ce que l'on aurait souhaité...

☐ *Une deuxième période de stérilité certaine*

Elle peut se découvrir, *GRACE A LA COURBE THERMIQUE*, par le plateau succédant au décalage qui vous signalera votre première ovulation.

Cette première ovulation se fera peut-être avant même le retour de couches.

Vous avez 50 % de chances qu'il en soit ainsi. Le corps jaune qui suivra entraînera un plateau de haute température.

Mais vous ne serez pas surpris si *CE PREMIER PLATEAU EST COURT*, très court même parfois :

En effet l'ovaire est encore mal réveillé et ne travaille pas encore très bien ; *la minuterie* du corps jaune n'est pas remontée à fond et ce dernier ne travaille donc que quelques jours ; ce ne serait même pas suffisant pour permettre à l'œuf, en cas de fécondation, de se nider dans l'utérus,

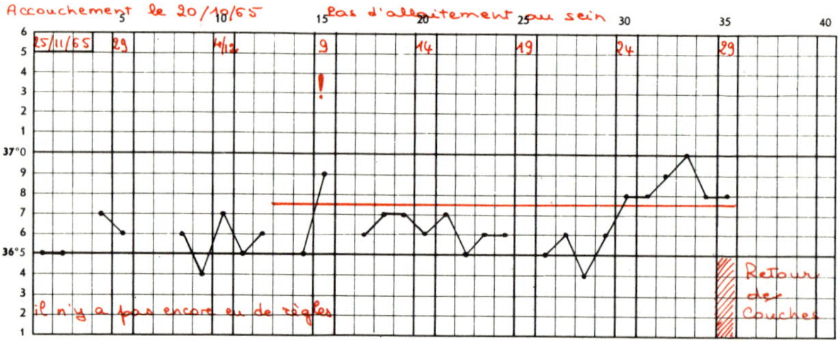

une grossesse ne serait pas possible. Mais cela, on ne peut pas le savoir d'avance. Il peut aussi bien se faire que le premier corps jaune soit vigoureux, de bonne durée et permette une grossesse, même avant le retour de couches, si des spermatozoïdes se trouvent là, vivants, au moment où l'ovulation se produit (cela avec d'autant plus de probabilité que la première ovulation survient plus tard).

Il peut se faire aussi que le retour de couches survienne, tout à coup, sans avoir été précédé d'une ovulation.

La température est restée basse et n'a pas décalé.

C'est normal, cela arrive dans la moitié des cas environ. Mais on ne peut prévoir si cela se passera de cette façon pour vous.

Dans ce cas, *la première ovulation se fait habituellement AU CYCLE SUIVANT*. Il est très rare qu'elle tarde davantage.

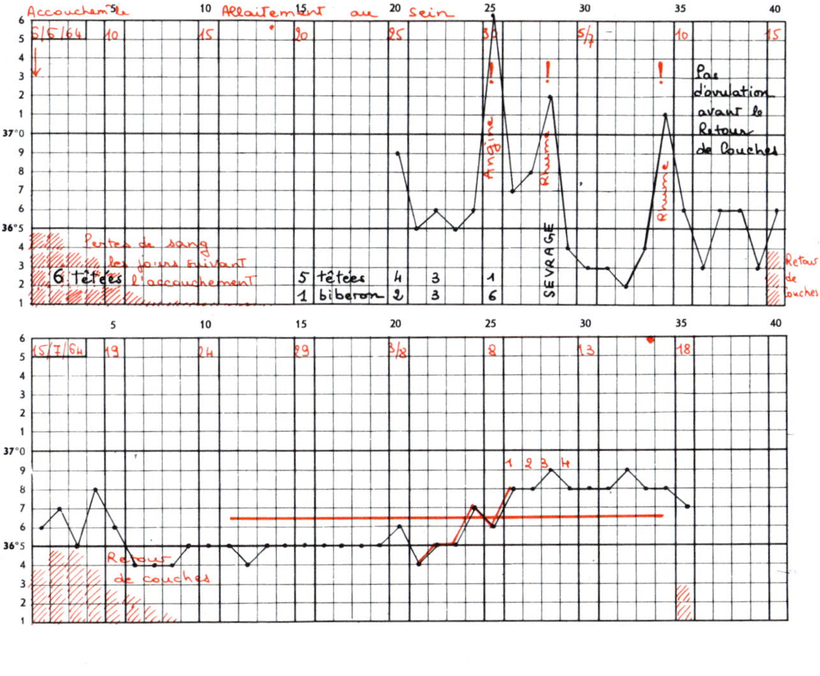

De toutes façons, que vous constatiez un plateau hyperthermique dès avant le retour de couches ou seulement au cycle suivant, vous n'oserez sans doute pas l'interpréter vous-mêmes ; vous serez contents d'avoir l'avis d'un conseiller averti. Ne soyez pas étonné s'il vous suggère d'attendre le quatrième point de plateau confirmé (un point de plus qu'en temps ordinaire) pour vous considérer en phase stérile. Cette prudence est INDISPENSABLE en cette période si délicate du post-partum où de légères perturbations de température risquent, plus qu'en un autre temps, de se rencontrer, rendant la lecture des courbes un peu plus difficile. Cette précaution peut s'imposer pendant trois ou quatre cycles après le retour de couches, tant que le décalage n'est pas assez net et le niveau du haut palier reconnu.

☐ *Le premier cycle qui suit le retour de couches est parfois très déroutant.*

. parfois *très court,* 15 jours à peine ;

. parfois *très long,* 40 jours et même davantage ;

. parfois, tout de même, *normal.*

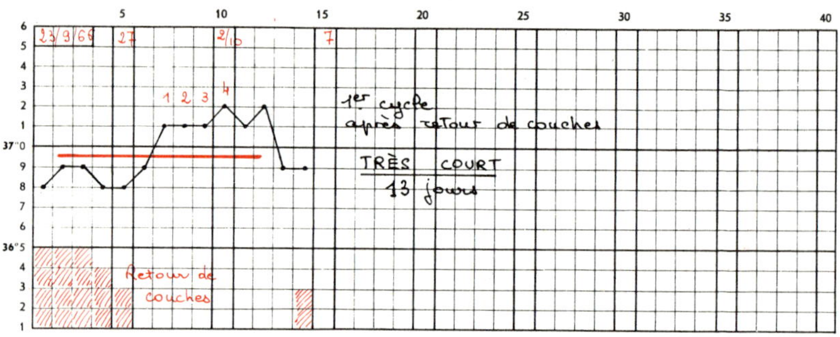

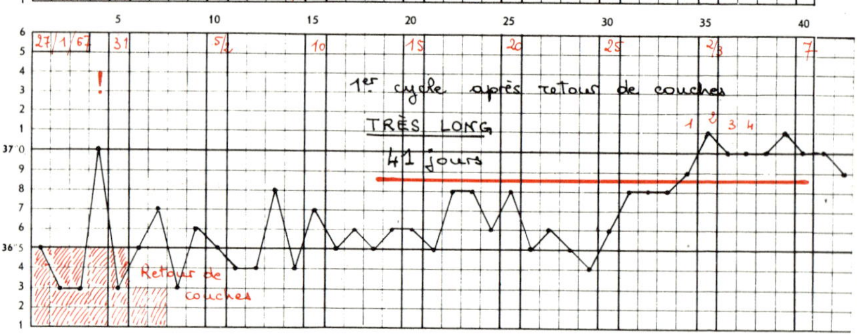

Il peut

- COMPORTER UNE OVULATION, suivie d'un plateau, encore un peu court parfois, moins cependant que celui qui a précédé le retour de couches ;

- ETRE ANOVULAIRE, c'est-à-dire sans ovulation, dans 10 % des cas environ : dans ce cas, il n'y aura pas de décalage de la température. Celle-ci restera basse d'un bout à l'autre du cycle, jusqu'aux règles. Il n'y a évidemment pas de fécondation possible dans un tel cycle sans ovulation ; mais, cette absence d'ovulation n'étant pas prévisible (elle n'est connue que lorsque les règles arrivent), si on désire espacer un peu la naissance suivante, à aucun moment du cycle il ne sera possible de conseiller des relations conjugales.

Sachant tout cela, vous ne vous étonnerez de rien : vous êtes prévenus, tout peut arriver.

Comme vous êtes, sans doute, encore trop près de la naissance pour pouvoir vous permettre d'envisager une nouvelle grossesse, il sera sage d'attendre un beau plateau de quatre jours (avec confirmation, peut-être encore, de votre conseiller) pour considérer que vous êtes certainement en période inféconde.

Mais, prenez courage, L'AVENIR EST PLEIN D'ESPERANCE...

□ *Les cycles suivants reprennent progressivement leur longueur et leur équilibre.*

C'est en moyenne au bout de trois ou quatre cycles que vous vous retrouvez vraiment « dans vos meubles » :

Désormais, VOS REGLES REVIENNENT A INTERVALLES REGULIERS, comme auparavant.

Et surtout, LES DEUX PHASES DU CYCLE SONT MIEUX EQUILIBREES : l'ovule met moins longtemps à mûrir et le corps jaune dure son temps normal (12 à 16 jours), ce qui se traduit par des plateaux hyperthermiques plus longs.

Notons, cependant, que certaines femmes mettent plus longtemps à retrouver un bon équilibre.

Si cela vous arrive, ne croyez pas trop vite à un dérèglement de votre physiologie ; faites votre possible pour AMELIORER VOTRE ETAT GENERAL par de bonnes nuits, du bon air, une alimentation substantielle : il se peut qu'un léger état d'anémie ou une grande fatigue soit à l'origine de ce retard. Au besoin, demandez à votre médecin de vous y aider.

Au-delà du sixième cycle, vous pourrez très légitimement consulter votre gynécologue. Apportez-lui vos courbes, elles l'aideront à comprendre vos misères et lui permettront de vous soigner en connaissance de cause.

☐ *La courbe thermique est-elle trop difficile à lire après une naissance ?*

Elle est surtout difficile à lire avant le retour de couches, où l'on rencontre environ 20 % de courbes vraiment difficiles, contre 5 à 10 % en temps ordinaire.

C'est pourquoi nous vous avons conseillé de vous faire aider par un spécialiste pour la lecture de vos premiers cycles.

Mais il faut ajouter que l'on rencontre autant de courbes vraiment faciles à lire avant le retour de couches qu'en temps habituel (60 à 70 %) et ceci est très encourageant.

☐ *Les premiers hauts plateaux.*

Ils seront à peu près au même niveau que ceux dont vous aviez l'habitude avant la grossesse et que vous retrouverez ensuite, à peine un peu plus bas (de 1/10 de degré le plus souvent).

Cette indication peut vous aider à lire vos courbes.

□ *Particularités selon le mode d'allaitement.*

Ce que nous venons de dire concerne *toutes les mamans,* qu'elles nourrissent ou non.

Nous allons voir maintenant, de façon plus précise, ce qui peut se passer *dans chaque cas,* selon que l'on nourrit ou que l'on ne nourrit pas.

Ces données sont basées, bien sûr, sur l'étude que nous avons pu faire auprès des centaines de mamans qui ont bien voulu nous faire part de leur expérience personnelle, pour en faire profiter toutes les mamans.

Pour plus de clarté, nous les avons indiquées *dans un tableau à la page suivante.*

Nous y ajouterons *les remarques* suivantes :

Mieux vaut nourrir trois ou quatre semaines que pas du tout.

POUR L'ENFANT... bien sûr, cela lui assure un bon démarrage.

POUR SA MERE... aussi, et c'est là une conclusion intéressante de notre étude.

Il semble, en effet, que la fonction ovarienne se rétablisse plus vigoureusement dans ce cas qu'en l'absence d'allaitement. Les cycles se rééquilibrent plus rapidement. Le retour de couches a moins de risque de subir un gros retard. Il survient dans le délai moyen de six à sept semaines.

Nourrir trois à quatre semaines, puis sevrer complètement, ne serait-ce pas une manière élégante de s'assurer, dans une certaine mesure, contre une attente conjugale indéfinie, lorsqu'on avait, de prime abord, fût-ce pour une raison sérieuse, décidé de ne pas nourrir ? Ni le travail professionnel, ni la santé de la maman ne risquent de souffrir d'un petit mois d'allaitement au sein.

La fécondité de la femme après une naissance

	ALLAITEMENT MATERNEL ABONDANT ET PROLONGE	ALLAITEMENT MATERNEL DE DUREE BREVE (moins d'un mois)	PAS D'ALLAITEMENT AU SEIN
LE RETOUR DE COUCHES (Premières règles après l'accouchement)	• peut se faire avant sevrage • plus souvent après sevrage et jusqu'à six semaines après la fin du sevrage • au-delà, consultez votre médecin	• se fait le plus souvent vers six, sept semaines • parfois plus tard • exceptionnellement après dix semaines : consultez alors votre médecin	• se fait le plus souvent vers six, sept semaines • parfois vers huit à dix semaines • ou même plus tard, consultez alors votre médecin
LA PREMIERE OVULATION	• ne survient **jamais avant la sixième semaine** • survient rarement pendant un allaitement **complet** si le retour de couches n'est pas fait • **souvent au moment du sevrage** • parfois 2 à 4 semaines après la fin du sevrage	• ne survient **jamais avant la cinquième semaine** • survient le plus souvent au cours du deuxième mois • exceptionnellement après trois mois	• ne survient **jamais avant la quatrième semaine** • se produit **avant** le retour de couches chez la moitié des mères • le plus souvent entre six et huit semaines
LE RYTHME DES CYCLES SE RETABLIT	vite et bien une fois le retour de couches arrivé	vite et bien une fois le retour de couches arrivé	progressivement en trois à six cycles après le retour de couches
STERILITE ABSOLUE	pendant les **cinq** premières semaines qui suivent l'ac-	pendant les **quatre** premières semaines qui suivent	pendant les **trois** premières semaines qui suivent l'ac-

STERILITE ENCORE EXTREMEMENT PROBABLE	pendant les cinq semaines suivantes (6ᵉ, 7ᵉ, 8ᵉ, 9ᵉ, 10ᵉ) **si** l'allaitement maternel est bien complet **et si** le retour de couches ne survient pas		pendant la quatrième semaine (avec une probabilité de 99,8 %)
STERILITE ASSEZ PROBABLE	pour les mères qui en ont fait l'expérience lors des précédentes naissances, jusqu'à la fin d'un allaitement abondant (au moins jusqu'au début du sevrage)		
FECONDITE POSSIBLE	dès la **sixième** semaine surtout si l'allaitement n'est plus complet ou si le retour de couches est fait	dès la **cinquième** semaine même si le retour de couches n'est pas fait	exceptionnellement (0,2 %) pendant la **quatrième** semaine, puis de plus en plus, même si le retour de couches n'est pas fait
PRISE DE TEMPERATURE CONSEILLEE	à partir de la cinquième semaine	à partir de la quatrième semaine	à partir de la troisième semaine
STERILITE ABSOLUE	A nouveau sur **le haut plateau qui suit la 1ʳᵉ ovulation,** même avant le retour de couches, à partir du **quatrième** point. Puis, **à chaque cycle,** à partir du quatrième point de haut plateau.		

Seule la courbe thermique permet de voir clair dans les cycles plus difficiles qui suivent une naissance.

Le cas des bonnes nourrices.

Certaines mamans savent, *PAR LEUR EXPERIENCE PERSONNELLE*, que leurs cycles ne reprennent pas tant qu'elles nourrissent : leur hypophyse, très occupée par l'allaitement, laisse les ovaires au repos pendant toute la durée de celui-ci.

Cette constatation devrait permettre aux époux une vie conjugale heureuse et sans questions aussi longtemps que la baisse de l'allaitement ne les invite pas à considérer la fécondité, jusqu'alors impossible, comme désormais retrouvée.

Pour agir ainsi, IL FAUT, évidemment, ETRE BIEN SUR de ce qui s'est REELLEMENT passé après les précédentes naissances. On croit se souvenir... en fait, on oublie... on transforme... on invente... inconsciemment, bien sûr. Les courbes thermiques tracées durant ces périodes, avec indications précises sur les modalités de l'allaitement, sont les auxiliaires les plus précieux d'une mémoire défaillante... quand on les possède encore.

S'IL S'AGIT D'UN PREMIER ENFANT, sa maman n'a évidemment pas encore d'expérience. Faudra-t-il attendre ?... des mois peut-être ?

Si, pour le foyer, il est absolument impératif de retarder la naissance du deuxième enfant, il est conseillé de s'en tenir aux indications valables pour toutes les mères qui nourrissent entièrement (voir le tableau p. 146).

Si, par contre, la venue d'un deuxième enfant, même assez rapproché du premier, ne pose pas de trop gros problèmes, la jeune mère peut se dire que, dans la mesure où l'allaitement est largement suffisant à son petit enfant, elle a de fortes chances de rester inféconde tant que cette abondance se maintiendra ; le couple peut alors envisager une vie conjugale détendue jusqu'à la baisse de l'allaitement *ou*, s'il se produit avant, jusqu'au retour de couches.

Si jamais une telle conduite aboutissait à une conception prématurée... c'était prévu et accepté d'avance... et l'aîné ne restera pas trop longtemps enfant unique...

Si, comme il arrivera sans doute plus souvent, aucune grossesse ne se produit, on aura, tout en construisant son expérience personnelle (appuyée par le tracé de la courbe thermique) bénéficié conjugalement de bienheureuses semaines.

Le cas de l'allaitement mixte.

Il y a tant de degrés dans l'allaitement mixte, qu'il est bien difficile de donner des conseils parfaitement adaptés à chaque cas.

Sauf le cas de mamans qui ont *L'EXPERIENCE* que, chez elles, un tel allaitement, pas tout à fait suffisant, mais cependant assez abondant pour durer des semaines, a prolongé véritablement le repos de leurs ovaires (retour de couches n'arrivant qu'après sevrage définitif), il semble plus sage de *se comporter comme on le ferait en l'absence d'allaitement maternel.*

En fait, le plus souvent, l'allaitement mixte ne se prolonge guère au-delà de deux ou trois semaines et l'on se trouve bien ramené au cas d'un allaitement bref ou nul.

★

Une dernière question :

☐ *Que penser de la pilule après l'accouchement ?*

On a pu croire que la « pilule », prise presque aussitôt après l'accouchement, surtout en cas d'allaitement au sein, ne pourrait être que bénéfique,

- renforçant le repos des ovaires,
- faisant disparaître les difficultés de la vie conjugale,
- assurant, enfin, par la suite, des cycles réguliers.

L'expérience a montré que, le plus souvent, il en était tout autrement.

On a reconnu que la pilule n'était pas sans risques, particulièrement en cette période de convalescence, de retour progressif à l'équilibre antérieur. L'apport intempestif d'hormones sexuelles que constitue la pilule peut perturber gravement cette restauration. On a pu voir des mères ne jamais retrouver de cycles réguliers après une cure de pilule, même brève, à ce moment délicat du post-partum.

Et la difficulté conjugale, supprimée par le traitement, peut se retrouver, avec une acuité plus grande, à l'arrêt de celui-ci : la joie toute nouvelle de chaque naissance rend généralement aisée une certaine continence pendant les premières semaines. Cette joie s'estompe avec le temps et, avec elle, le support facile de l'abstinence. La pilule ne fait que déplacer la difficulté... et l'accroître, car le contraste est grand entre la liberté sans effort qu'elle a autorisée durant des semaines et la maîtrise qu'il convient de s'imposer ensuite.

★

□ *Concluons...*

●●● Le POST-PARTUM

est cette période délicate durant laquelle l'organisme maternel, après neuf mois d'une prodigieuse création et l'épreuve de l'accouchement, après un temps de cicatrisation et de repos, retrouve progressivement sa fonction génitale cyclique.

●●● La COURBE THERMIQUE

est le moyen le plus simple de suivre pas à pas cette restauration, de repérer les premières ovulations et les phases stériles qui les suivent.

ETABLIR SON TRACE EST A LA PORTEE DE TOUS. Mais la prise *quotidienne* de la température s'impose particulièrement en cette période où les irrégularités sont plus fréquentes. La détente conjugale vaut bien cette petite contrainte.

INTERPRETER LA COURBE PEUT ETRE PLUS DELICAT ... nous n'oserions conseiller à personne de le faire sans l'aide d'un spécialiste.

●●● *En cette période où l'amour,* quand il s'exprime charnellement, *veut avoir la CERTITUDE* de ne pas être créateur... trop vite..., il importe de distinguer clairement :

Les périodes de stérilité certaine, absolue.

Nous les avons indiquées sur le tableau. Ce sont :

— les toutes premières semaines après l'accouchement ;

— puis, dans chaque cycle et parfois dès avant le retour de couche le plateau hyperthermique, à partir du quatrième point de stabilisation.

Les périodes où la stérilité, sans être absolue, est encore extrêmement probable.

Ce sont :

— la quatrième semaine pour les mères qui ne nourrissent pas ;

— les 6e, 7e, 8e, 9e, 10e semaines pour les mères qui nourrissent entièrement, à condition :

que le retour de couches ne survienne pas,

et que l'allaitement soit toujours complet

Si le retour de couches survient *ou* si l'allaitement baisse avant la fin de la dixième semaine, dès ce moment, la mère doit se considérer comme féconde.

Les périodes de stérilité assez probable.

Au moins pour les mères qui savent PAR EXPERIENCE que, malgré une vie sexuelle active, elles n'ont jamais été enceintes pendant un allaitement, ou que leur retour de couches ne survient que six semaines après le sevrage... la stérilité se prolonge, pour elles, pendant toute la durée de l'allaitement très probablement, au moins de l'allaitement complet, car il est conseillé de considérer la stérilité comme beaucoup moins probable dès que l'allaitement n'est plus suffisant.

●●● Des DIFFICULTES

demeurent, nous n'en doutons pas, graves, parfois, pour certains foyers.

Mais ne faut-il voir que cet aspect d'une période aussi importante dans la vie d'un couple ?

La connaissance de ce qui se passe n'apporte-t-elle pas déjà un apaisement ? et n'engage-t-elle pas à plus de patience dans l'attente, même longue ?

La prise de conscience plus actuelle par les époux d'être l'un par l'autre et ensemble capables de faire surgir du néant un être nouveau, leur enfant, n'est-elle pas source d'émerveillement et de reconnaissance mutuels ? dans le respect profond de cette puissance créatrice et la crainte de tout ce qui risquerait de l'abîmer quelque peu ?

La certitude que, désormais, parce qu'on sait, on aura la possibilité de maîtriser une fécondité jusqu'ici angoissante, n'est-ce pas une lumière dans la nuit ? qui engage à tenir jusqu'au moment où le cycle féminin se rétablira ?

Se savoir désormais responsables, à deux, n'est-ce pas exaltant ?

Et *l'épreuve surmontée ensemble* avec cette espérance n'est-elle pas capable de fortifier et cimenter l'amour ?

Trois séries de courbes de post-partum

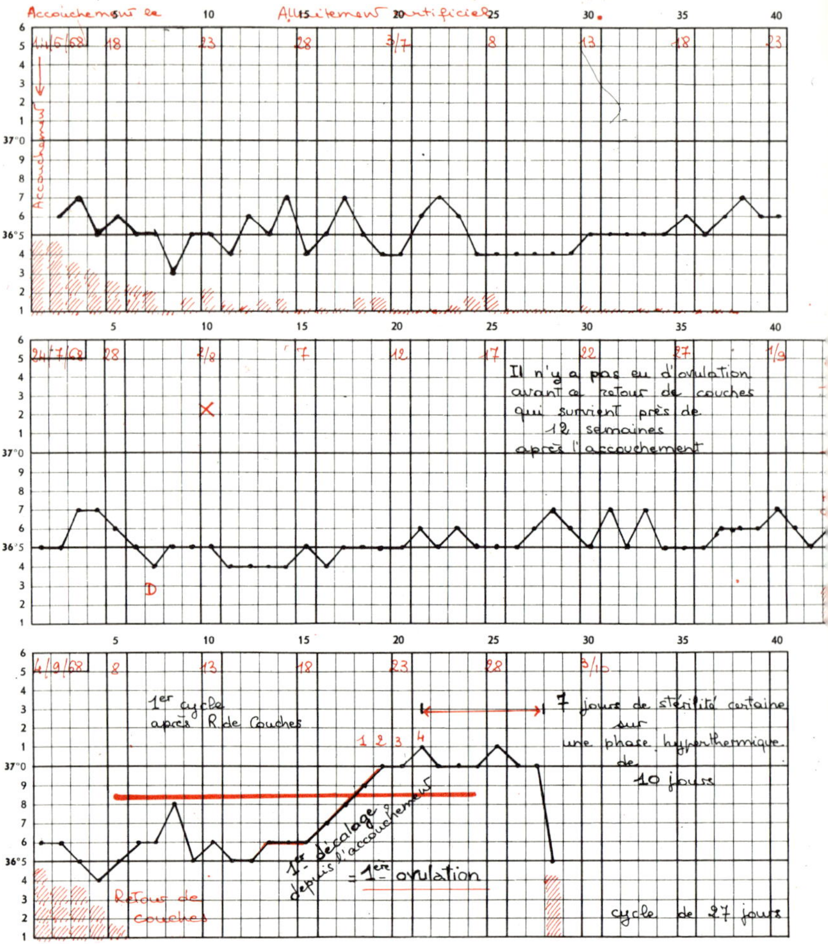

ALLAITEME

Cette maman n'a pas nourri son bébé. Son retour de couches n'est survenu que douze semaines après l'accouchement. Ce retard ne peut être considéré comme une grave anomalie. D'ailleurs, sans traitement, les cycles se sont rétablis normalement à partir du retour de couches. Les époux ont cependant trouvé le temps long, cela se comprend. Ils ont eu une relation conjugale le 2 août (marquée d'un X sur la courbe),

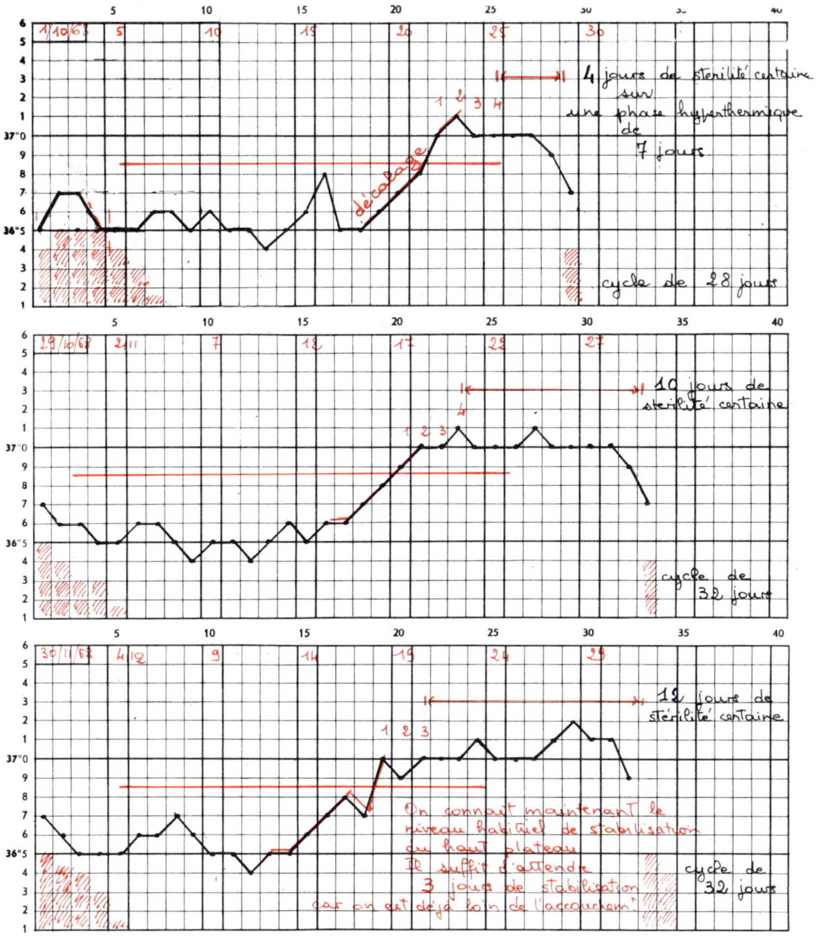

TIFICIEL

cinquante jours après l'accouchement, donc à un moment où, théoriquement, la mère aurait pu être à nouveau fécondable. S'ils se sont inquiétés des conséquences pendant quelques jours, dès le 12 août ils étaient pleinement rassurés : la température n'ayant pas décalé depuis leur union, aucune ovulation ne s'était encore produite et les spermatozoïdes du 2 août n'étaient certainement plus fécondants.

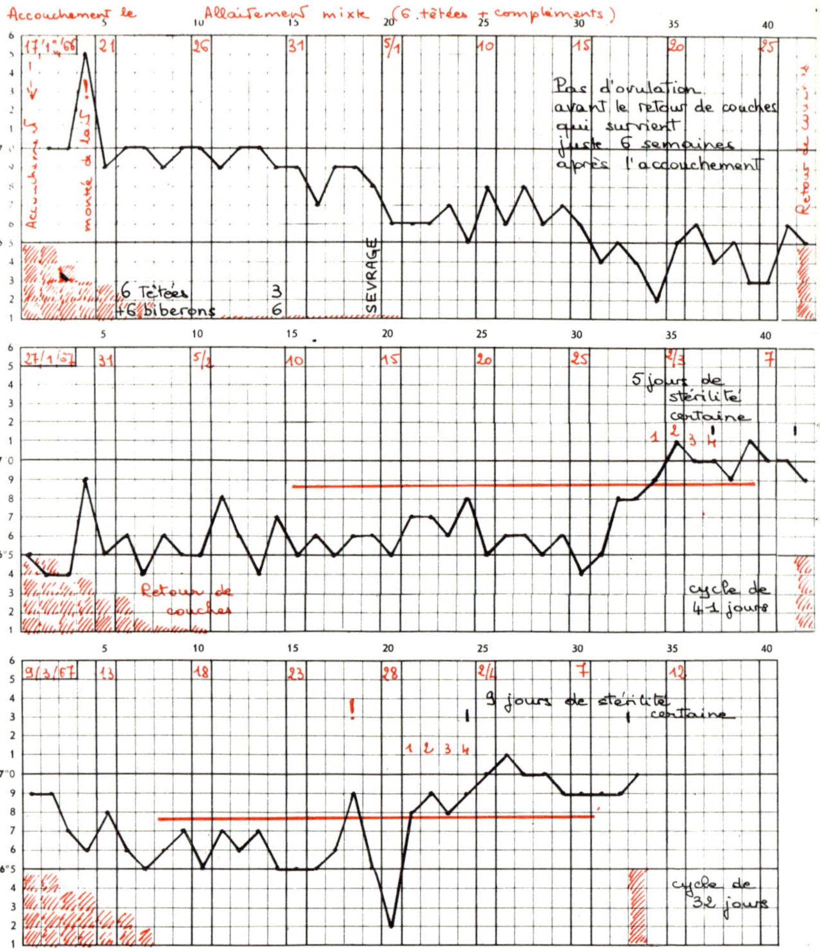

ALLAITEME

Cette maman a essayé de nourrir son enfant. Au bout de trois semaines elle a dû abandonner ayant vraiment trop peu de lait. Son retour de couches est arrivé juste au bout de six semaines. Elle n'a donc pas eu à s'inquiéter d'un retard. C'est le premier cycle après le retour de couches qui

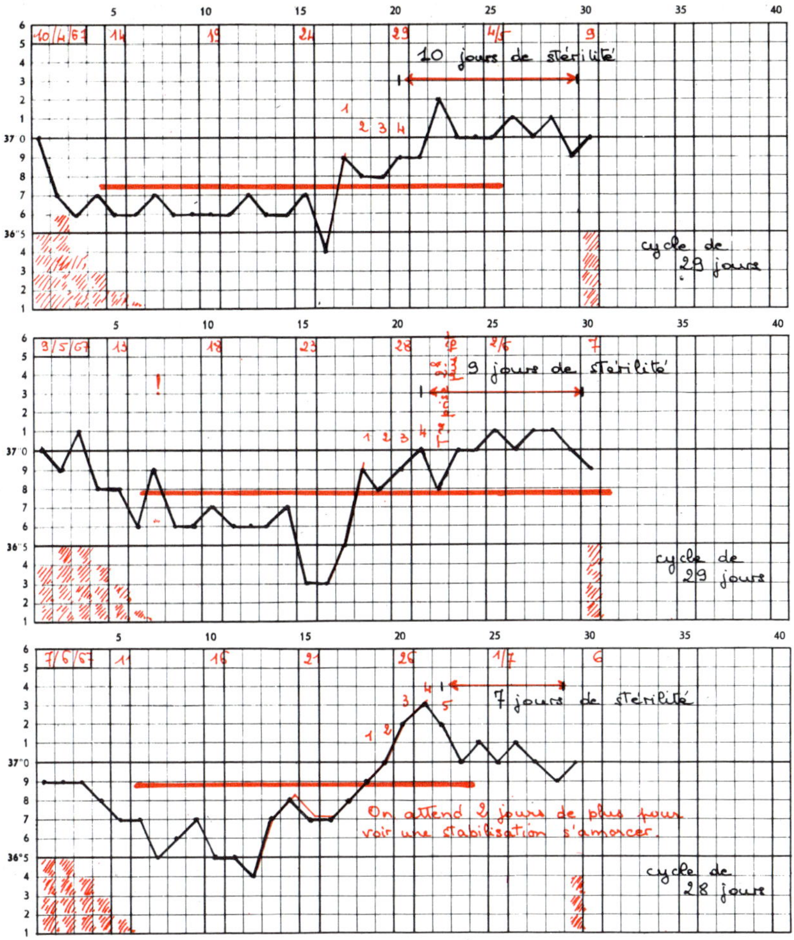

IXTE

l'aurait inquiétée si elle n'avait pas tracé sa courbe. 41 jours ! Cette longueur du premier cycle est fréquente. Mais, dès le 34e jour du cycle, cette femme savait que le retard ne se prolongerait plus longtemps : un décalage se confirmait, signifiant l'ovulation et annonçant par conséquent des règles prochaines.

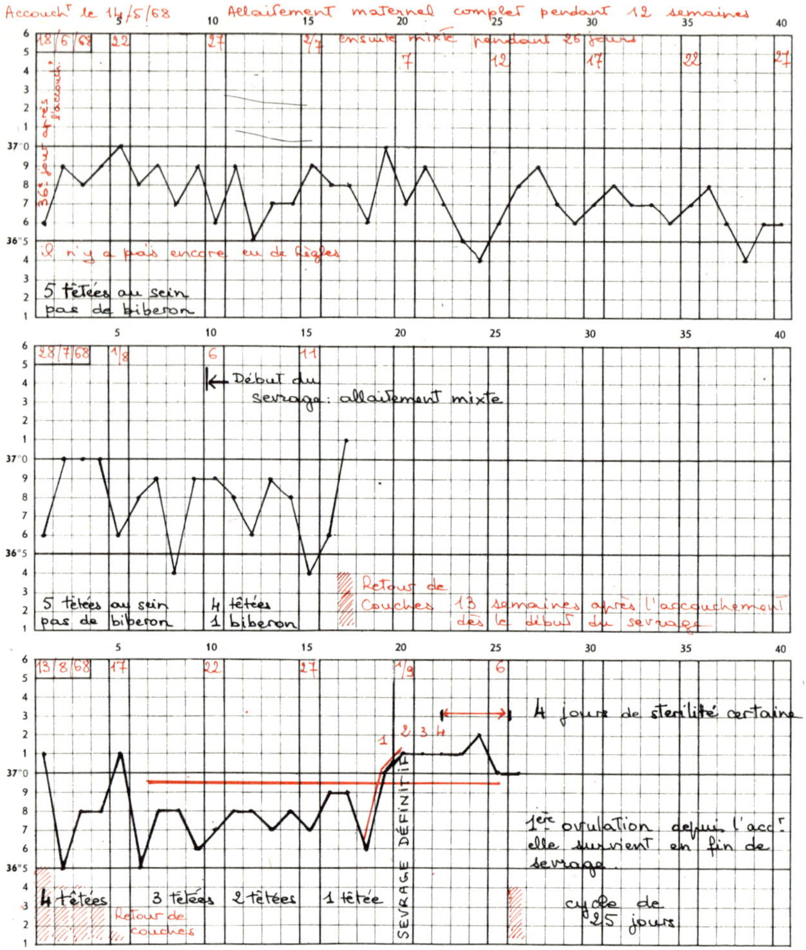

ALLAITEMEN

Cette maman, qui a nourri complètement son bébé pendant près de trois mois, se savait sûrement stérile pendant les cinq premières semaines. Elle n'a donc commencé sa courbe que le 36e jour après son accouchement. Le tracé de cette courbe est assez tourmenté tant que dure l'allaitement et ceci est caractéristique. On comprend en examinant cette

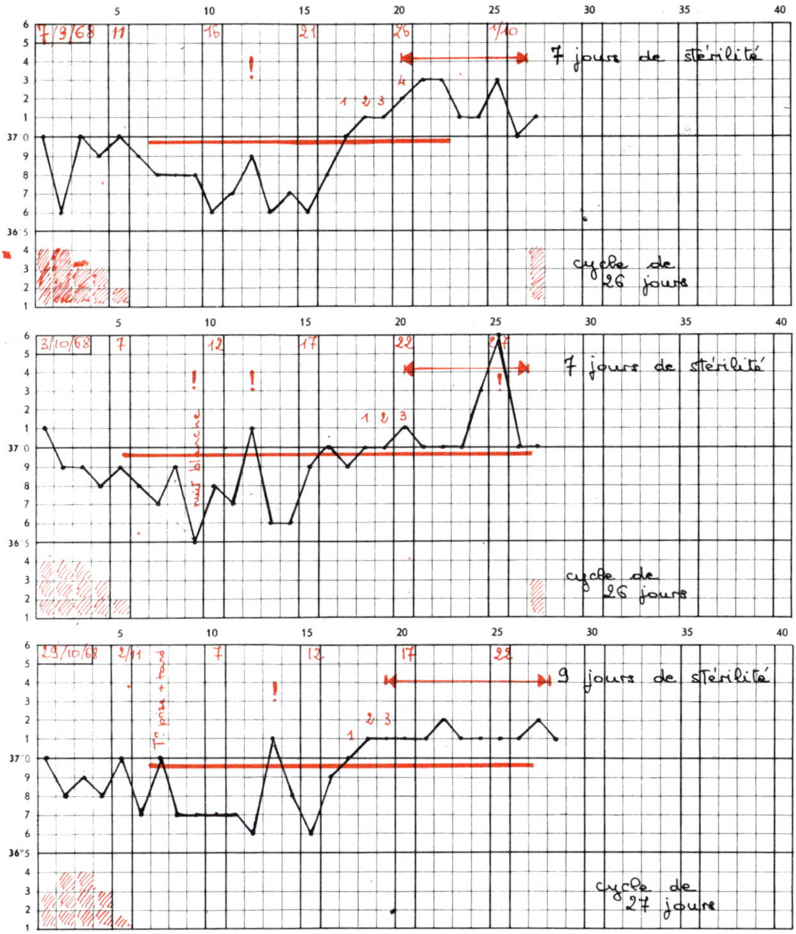

courbe, pourquoi, après une naissance, on recommande d'attendre quatre jours de stabilisation en haut plateau avant d'affirmer l'entrée dans la phase inféconde. Remarquons que le retour de couches survient dès le début du sevrage et que la première ovulation suit de près. La période du sevrage est le plus souvent celle du réveil des ovaires et donc du retour à la fécondité.

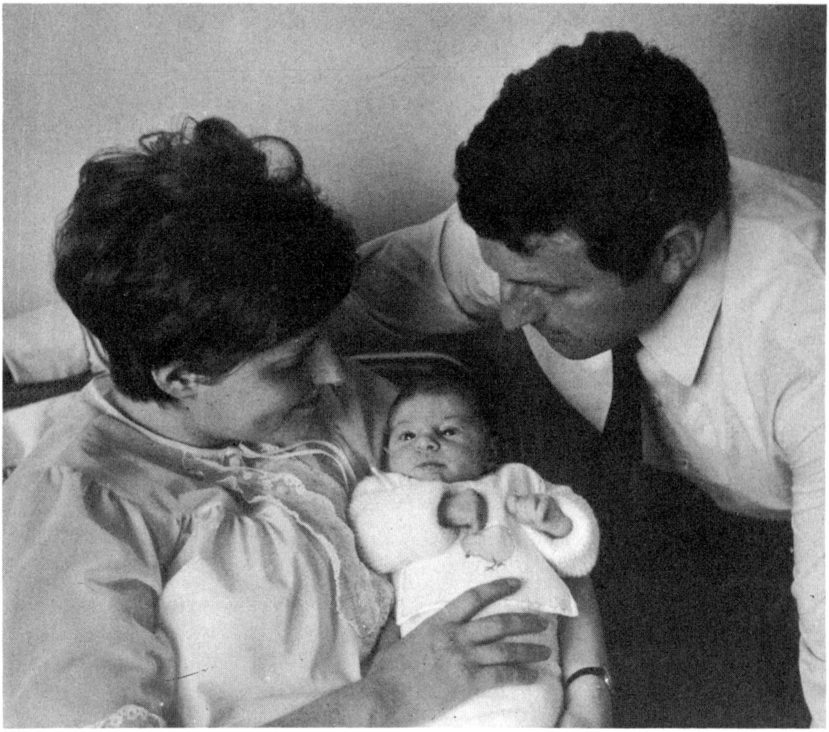

Conclusion

Des foyers disent...

« Tout ce qui paraît diminuer la liberté de l'amour,
il faut dire et redire
que cela est fait pour aider l'amour à réaliser sa pureté, sa plénitude,
pour l'empêcher de se pervertir,
pour qu'il atteigne sa fin, qui est de nous unir à un autre être,
à d'autres êtres, et par là, en définitive,
de nous unir définitivement à Dieu qui EST AMOUR. »

Jean Guitton
(Dialogues avec Paul VI)

« C'est à travers des efforts pénibles
que l'être humain tend vers sa plénitude vitale. »

Louis J.M. Sahuc.

des foyers disent...

Leur joie de savoir...

« ... l'étude de cette méthode m'a d'abord permis, étant jeune fille, de découvrir le rôle essentiel de la femme, sa vocation à la maternité... »

« ... vous nous avez appris ce miracle qu'est la vie avec tant de simplicité et d'une manière si jolie que j'avais presque envie d'avoir un autre bébé. »

« ... de plus, le plaisir de s'étudier et de se connaître rend cette obligation de la prise de température plus facile. »

Leur joie d'appeler consciemment un enfant à la vie...

« En étudiant les courbes, nous avions prévu l'ovulation tel jour et ce jour-là reste pour nous inoubliable : nous y pensions et y pensons encore, à ce moment où nous nous sommes donnés l'un à l'autre avec une grande certitude et une grande joie, conscients que, de cette union, naîtrait peut-être un enfant que nous avons la joie de pouvoir embrasser maintenant. »

Leur bonheur paisible...

« Voici trois mois, je vous écrivais pour avoir vos conseils sur la méthode des températures. Je viens vous remercier pour les explications qui m'ont apporté beaucoup dans ma vie de chaque jour... et depuis, je vous dirais que nous sommes heureux, car pour moi, une nouvelle grossesse m'effraie pour le moment. Je voudrais que beaucoup de femmes dans mon cas suivent cette méthode : il suffit d'une petite discipline à suivre à deux, mais quelle tranquillité d'esprit, qui permet de suivre son droit chemin. »

★

« Une personne à qui j'en parlais m'a dit que pour l'amour c'était très mauvais parce qu'il n'y a plus d'abandon, qu'il n'y avait plus de spontanéité dans l'acte. Nous n'avons jamais déploré ce genre de chose et notre abandon est plus fort dans la mesure où l'on ne craint rien... »

★

« ... vos explications de cette méthode, écoutées en ménage (c'était bien la première fois) nous ont été précieuses. Leur clarté et leur simplicité engagent beaucoup à tenir au long des mois. Je me trouve maintenant très libérée et beaucoup moins anxieuse, sur ce plan précis, et sur toutes les conséquences morales et familiales que peuvent entraîner un état d'esprit angoissé et une nervosité continuelle, (ce qui était mon lot, je vous l'avoue). Un grand merci, donc, pour notre sérénité de ménage qui va s'affirmant... »

...Des points pratiques...
...qui leur semblent importants...

« ... je conseillerais de tenir la courbe à deux afin de bien connaître les possibilités de chaque jour, car nous aurions tendance, nous, femmes, à penser « qu'à la rigueur ça peut passer », pour ne pas refuser à son mari... »

★

« Je suis tout à fait d'accord avec mon épouse... je me permettrai simplement d'ajouter que, pour que cette méthode soit valable, il faut qu'elle soit pratiquée par le couple et non par la femme seule. C'est une nécessité primordiale. Par ailleurs, il y a sur le plan pratique un très gros avantage découlant de cette méthode. C'est que, en cas de grossesse, on peut fixer la date de la fécondation d'une manière irréfutable, ce qui, lors du terme, permettra de prendre des dispositions si la naissance ne se produit pas dans les délais voulus... »

★

« ... comme difficultés ? non, je n'en ai pas rencontré ; bien sûr, c'est mon mari qui s'occupait des biberons le matin... »

Un foyer, qui en a fait l'expérience, peut comparer avec la pilule...

« Je vous envoie mes deux premières courbes. En effet, j'ai eu mon retour de couches un peu plus tard que prévu, huit à dix jours. J'avais horriblement peur à la pensée qu'une autre grossesse pouvait s'annoncer. J'étais effondrée, catastrophée. Deux mois en suivant, malgré mes précautions, toute la maisonnée, sauf moi, a été grippée. Devant les pleins paniers de linge à laver, les soins attentifs que chacun demandait jour et nuit, la peur d'une période de faiblesse de la part de mon mari, j'ai été paniquée.

Nous avons donc décidé, mon mari et moi, que je prendrais pour un temps un contraceptif. En effet, la nuit je me levais plusieurs fois et souvent le matin, à l'heure durant laquelle je devais prendre ma température. Je ne pouvais rester une heure de plus au lit sans contrarier l'organisation de la maison. Vous savez combien le temps est précieux et compté en famille. J'ai donc pris ce contraceptif pendant cinq mois. Puis je me suis raisonnée, je me suis dit que c'était lâche de ne pas affronter ses responsabilités de face et qu'il faudrait bien le faire un jour. Il ne tenait qu'à nous d'espacer les naissances en suivant bien ce que vous nous aviez appris. J'ai donc arrêté, voici déjà quatre mois. Nous comptions largement les périodes fécondes en nous basant sur la brochure que vous nous aviez donnée.

Je ne suis pas fâchée d'avoir arrêté le contraceptif, j'avais mes règles une journée par mois et très peu, de plus, à ce

moment mon ventre se gonflait, et puis, Notre Saint Père le Pape désapprouvait cette méthode dans son Encyclique. J'ai bien analysé sa déclaration et je crois qu'il a raison...
... j'ai donc repris ma courbe, je suis bien contente. J'ai l'impression de me retrouver. En effet, durant la période du contraceptif, je me sentais presque une machine, c'est bizarre. Maintenant, j'ai l'impression de diriger l'équilibre de la maisonnée (puisqu'une nouvelle naissance bouleverserait tout) et le mien, avec intelligence et sérénité... »

Des épouses découvrent avec joie la profondeur de l'amour de leur mari.

« ... vous nous demandez de vous dire ce que la méthode des températures a pu nous apporter... c'est très difficile à dire... Je crois que, pour moi, elle me prouve l'amour que mon mari a pour moi. Il me semble que l'homme qui accepte cette forme de régulation des naissances, basée sur le rythme de son épouse, est vraiment un homme qui aime sa femme, pour ce qu'elle est.

Dans le sens inverse, je pense qu'elle me permet de me donner plus pleinement à mon mari, justement parce que lui, est capable de faire effort par amour pour moi, et que je suis donc sûre de son amour.

Je m'explique peut-être mal, mais il me semble que le couple qui a choisi n'importe quel moyen contraceptif ne doit pas se trouver dans le même état d'esprit... »

★

« ... j'apprécie énormément le respect de mon mari... j'éprouve de l'admiration pour sa force de caractère et je ne l'en aime que mieux, je crois que c'est beaucoup plus difficile pour lui que pour moi... »

★

« ... heureusement mon mari est en bonne santé et m'aide beaucoup ces derniers temps et me remplace dans bien des tâches ménagères ; cela est une preuve supplémentaire de son amour pour moi ; de même pour ce qui est intimité charnelle, il est admirable, car il s'oublie discrètement ; ce dernier cycle, il n'en était pas question étant donné mon état, le mois dernier une seule fois, parce que j'étais déjà bien fatiguée ; mais je crois que cela ne peut durer... »

Au delà du sacrifice...
...la joie d'avoir tenu ensemble...

« ... quant à l'utilisation de cette méthode, nous pouvons témoigner qu'elle est très valable, qu'elle exige un effort de volonté qui est à notre portée, dès que nous nous sommes familiarisés avec elle... »

★

« Nous aimerions tellement aider d'autres foyers à être aussi heureux que nous (1), aussi détendus, grâce à la courbe thermique, nous en sommes convaincus, ... bien que nous ayons de longues périodes d'abstinence. Il suffit d'un peu de maîtrise de soi et d'offrande de ces petits sacrifices qui sont largement compensés quand, à nouveau, nous pouvons nous donner l'un à l'autre, c'est tellement beau et on est tellement plus heureux. »

★

« ... la pratique de cette méthode nous apprend toujours la maîtrise de soi, sans cesse remise en question, qui ne peut se réaliser que par une aide mutuelle, dans la confiance. Nous arrivons ainsi à nous confier nos difficultés, à nous soutenir l'un l'autre. Et il est remarquable que, le plus souvent, il y en a toujours un sur les deux capable de réagir pour que nous restions fidèles à l'engagement que nous avons pris de nous aimer dans le respect mutuel et le respect de la vie qui est en nous. Bien sûr, nous croyons que ce n'est pas notre force seule qui réussit, mais bien l'amour et la grâce de Dieu.

Les plus grosses difficultés nous sont venues de la séparation due au service militaire, qui nous causait régulièrement une épreuve lors des retrouvailles. Des souffrances, des remises en question nous ont assaillis ; mais nous avons voulu rester fidèles, et notre joie est grande d'avoir su ensemble traverser ces difficultés. »

★

1. Les Foyers qui ont retrouvé la sérénité grâce à cette connaissance et à cette maîtrise d'eux-mêmes, souhaitent alors aider les autres à connaître le même bonheur. Ils peuvent s'adresser à des organismes tel que le C.L.E.R. 22, rue Montgolfier, Paris 3e ou « Vie et Famille du Cambrésis » (1 rue St Géry, Cambrai) pour le Nord, afin d'y recevoir une formation appropriée à cet apostolat de couple à couple, vivement recommandé par l'Encyclique Humanae Vitae (§ 26).

« En lisant ma dernière courbe, vous verrez que nous avons eu un rapport en début de cycle, ce qui m'a inquiétée, car l'ovulation s'est produite plus tôt que je ne l'attendais. Les cycles suivants, nous n'aurons plus de rapports du tout en début de cycle, c'est décidé ferme.

Je crois qu'enfin, nous réussissons la méthode, le plus difficile est passé. Il faut dire que tout l'été mon mari a été sceptique ; c'est seulement depuis un mois que nous avons vécu pleinement nos relations complètes, elles ont même été tellement épanouissantes que nous pouvons attendre 15 jours maintenant. »

Cette perfection,
●●● *Aucun foyer ne l'atteint d'emblée*
Mais, à travers bien des tâtonnements,
●●● *Tous se sentent invités à chercher*
Toujours une meilleure expression
●●● *D'un amour sans cesse grandissant.*

« Je vous dirai que pour nous, sur un plan technique, c'est parfait, puisque j'arrive toujours à repérer mon ovulation ;.. ce que je crois plus difficile, c'est la continence périodique... malgré tout, il me semble que nous trouvons notre équilibre, car nous ne faisons pas de l'union charnelle l'essentiel de notre vie conjugale, ni de ses difficultés une pierre d'achoppement. Nous pensons que l'harmonie est toujours à chercher... Ces difficultés que nous éprouvons personnellement nous aident à mieux comprendre celles des autres et nous aident à ne pas juger les autres foyers, mais au contraire à avoir le désir de les aider quand cela est possible. »

★

« ...je vous remercie pour tout ce que vous nous apportez par cette méthode que nous essayons d'appliquer, car je puis dire en toute sincérité que nous nous rendons compte du changement qui s'opère en nous ; car dans l'attente de s'unir pleinement, cela nous fait découvrir des gestes, des attentions, que nous ne nous cachons pas d'échanger. Bien sûr, les efforts ne manquent pas. Je ne sais comment vous exprimer ce que je ressens... »

★

« ...nous devons aussi en partie à cette méthode de toujours chercher à découvrir comment peut s'exprimer notre amour, dans toutes ses dimensions, autrement que par l'union charnelle. Avec de l'attention, du respect, de la patience, combien on peut découvrir de façons de se dire : « je t'aime ».

★

« Nous connaissons beaucoup d'autres foyers qui utilisent cette méthode, quelles que soient leurs convictions. Ce qui marque le plus ces foyers, me semble-t-il, c'est une impression d'équilibre. Ils savent ce qu'ils font, ils savent où ils vont, et leur esprit, soulagé d'un souci qui ronge bien des foyers, est libre de s'ouvrir sur toutes leurs activités, sur les autres... »

★

« ...vous savez, ces courbes sont très longues pour nous, interminables... cependant... je ne vous cache pas que, depuis le mois d'octobre que nous avons été vous voir pour cette question,

NOUS NOUS AIMONS BEAUCOUP PLUS... »

« Un homme et une femme qui s'aiment,
un sourire d'enfant,
la paix d'un foyer :
prédication sans parole, mais si étonnamment persuasive,
où tout homme peut déjà pressentir,
comme par transparence,
le reflet d'un autre Amour
et son appel infini. »

Paul VI.

« Tout ce qui se fait dans le monde ne se fait que pour eux. De là leur vient cet air assuré qu'ils ont. »

Péguy.

BIBLIOGRAPHIE

AMOUR ET FAMILLE — (Fiches Documentaires du Centre de Liaison des Equipes de Recherche. C.L.E.R. 22, rue Montgolfier, Paris-3e), particulièrement les numéros 36, 55, 56, 57, 60.

Dr Paul CHAUCHARD — Apprendre à aimer — 207 p. Fayard, 1963.

DOSSIERS DE L'ACTION FAMILIALE — Drs F. et M. Guy, 16, Place N.D. Grenoble.

S. GELLER — La Température, Guide de la Femme — 149 p. Julliard, Paris — 1960.

Drs F. et M. GUY — Ile Maurice, Régulation des Naissances et Action Familiale — 340 p. Mappus, Lyon — 1968.

A.M. HENRY — Les Difficultés d'aimer — 169 p. Cerf, Paris.

A. et H. ISNARD — Harmonie Charnelle, Clé de la Régulation — 200 p. Isnard Lyon — 1969.

J. MAC AVOY — Mari et femme — Le Centurion.

G. MARTELET — Amour Conjugal et Renouveau Conciliaire — 47 p. Mappus, Lyon 1967.

G. MARTELET — Existence Humaine et Amour — 203 p. Desclée, Paris — 1969.

Dr et Mme RENDU — L'Eglise nous a-t-elle trompés ? — 293 p. Mappus, Lyon — 1967.

L. J-M. SAHUC — Homme et Femme — Bloud et Gay.

L. J-M. SAHUC — A la Découverte de l'Autre — Bloud et Gay.

Dr Anne TERRUWE — Amour et Equilibre — 99 p. Apostolat des Editions — 1969.

Paul THYMA — La Fécondité périodique de la Femme — Ed. du Levain.

PAUL VI — Humanae Vitae et Note pastorale de l'Episcopat Français — Centurion, Paris — 1968.

PAUL VI — Discours aux Equipes Notre-Dame, le 4 mai 1970 — Feu Nouveau, Paris, 1970.

Cardinal RENARD — Le sens du Mariage — X. Mappus.

A. d'HEILLY, — Amour et Sacrement — 142 p. Le Cerf, Paris.

S. de LESTAPIS — Le Couple, Angoisse ou Equilibre — 266 p. Beauchesne, Paris — 1969.

Jean GUITTON — L'Amour Humain.

Jean GUITTON — Une Femme Dans La Maison.

TABLE DES MATIÈRES

Chapitre 1
La fécondité du couple

Chapitre 2
De la connaissance des mécanismes de la fécondité à la parenté responsable

Chapitre 3
Sens et valeur de la vie charnelle dans le couple

Chapitre 4
Les autres moyens de contrôle de la fécondité

Chapitre 5
Après une naissance ou le post-partum

ACHEVÉ D'IMPRIMER
LE 8 MARS 1973
SUR LES PRESSES
DE L'IMPRIMERIE
CARLO DESCAMPS
CONDÉ-SUR-ESCAUT

Dépôt légal : 1er trimestre 1973
N° d'éditeur : 1815 18

Imprimé en France

dossier photographique
et schémas de
l'auteur